AGNIESZKA WRÓBEL

ASERTYWNOŚĆ NA CO DZIEŃ

CZYLI JAK ŻYĆ W ZGODZIE ZE SOBĄ I INNYMI

samo•sedno

Redaktor prowadzący: Renata Kicka
Redakcja: Grażyna Waluga
Korekta: Łukasz Mackiewicz, eKorekta24.pl
Opracowanie graficzne: Grażyna Faltyn, Eliza Goszczyńska
Skład i łamanie: www.rafaltomasik.pl
Rysunki: Kamila Stankiewicz
Opracowanie okładki: Krzysztof Zięba, TonikStudio.pl
Zdjęcie na okładce: www.istockphoto.com © Geoffrey Holman
Współpraca: Maria Gładysz

Samo Sedno
Edgard
ul. Belgijska 11
02-511 Warszawa
tel./fax: (22) 847 51 23
e-mail: samosedno@samosedno.com.pl

ISBN 978-83-7788-017-3
wydanie I
Warszawa 2011

Spis treści

Część II. Droga do zmiany 61

Od autorki

Poradnik ten powstał nie tylko na podstawie teoretycznych opracowań i literatury, lecz przede wszystkim własnych doświadczeń osobistych i zawodowych, nabytych w ciągu wielu lat pracy terapeutycznej i treningowej.

Pragnę podziękować mojej przyjaciółce i współpracowniczce – Alicji Lipskiej-Piątek, która jako psycholog i trener Polskiego Towarzystwa Psychologicznego współprowadzi ze mną grupy terapeutyczne i szkoleniowe. Wiele przytoczonych spostrzeżeń i obserwacji pochodzi z naszych wspólnych doświadczeń, gdy towarzyszyłyśmy uczestnikom treningów w ich drodze do asertywności. Zanim jednak zaczęłyśmy wspierać innych w ich osobistym rozwoju, same musiałyśmy zmagać się z własną przemianą – dlatego wiemy, że jest to możliwe.

Gorąco dziękuję mojej przewodniczce na drodze rozwoju zawodowego i osobistego – Halinie Nałęcz-Nieniewskiej, psychoterapeucie, trenerowi i superwizorowi Polskiego Towarzystwa Psychologicznego, oraz nieżyjącemu już Jurkowi Nałęcz-Nieniewskiemu, który był nauczycielem wielu polskich psychoterapeutów, trenerów i superwizorów i na zawsze pozostanie w mojej wdzięcznej pamięci.

Dziękuję też Asi Lach, mojej asystentce, bez pomocy której powstanie tej książki nie byłoby możliwe, oraz mojej Rodzinie – za cierpliwość, wyrozumiałość i wsparcie.

Agnieszka Wróbel

Wstęp

Co to jest asertywność?

Czy bywa tak, że teoretycznie wiesz, jakie są techniki asertywnego zachowania, ale trudno jest ci zastosować je w praktyce? Czy bywa tak, że w i e s z, ale n i e c z u j e s z, że masz prawo do odmowy, do własnego zdania, do obrony swoich granic, do sięgania po to, czego chcesz?

Herbert Fensterheim sformułował następujące prawa człowieka:

- Masz prawo do wyrażania siebie, swoich opinii, potrzeb, uczuć – dopóty, dopóki nie ranisz innych.
- Masz prawo do wyrażania siebie – nawet jeśli rani to kogoś innego – dopóki twoje intencje nie są agresywne.
- Masz prawo do przedstawiania innym swoich próśb – dopóki uznajesz, że mają oni prawo odmówić.
- Są sytuacje, w których kwestia praw poszczególnych osób nie jest jasna. Zawsze jednak masz prawo przedyskutować to z drugą osobą.
- Masz prawo do korzystania ze swoich praw.

Prawa człowieka, służące asertywnemu funkcjonowaniu, wydają się oczywiste i naturalne. Właśnie „wydają się" – bo w praktyce takie nie są i dużo trudniej stosować je na co dzień.

Czyli w i e m y – uruchamiając rozum, intelekt, natomiast n i e c z u j e m y – w warstwie emocjonalnej naszej psychiki. Inaczej mówiąc, trudno nam połączyć wiedzę teoretyczną z przeżywaniem emocjonalnym.

„Niby wiem, że mam prawo do tego czy tamtego, ale kompletnie tego nie czuję. W pracy potrafią mnie zakrzyczeć i ciągle dokładać nowych obowiązków, w domu mąż i teściowa robią ze mną, co chcą. Ja nic nie powiem, duszę to w sobie. Jak próbuję odmówić, to potem czuję się winna albo boję się, że ktoś się obrazi".

Tak mówiła jedna z uczestniczek treningu asertywności.

Trudność polega na połączeniu treści intelektualnych i emocjonalnych. Albo inaczej – jeśli poczujesz się wartościowym człowiekiem, z odpowiednio wysoką samooceną, pozbędziesz się lęków, niepokojów, poczucia winy i wstydu – będziesz w naturalny sposób reagować asertywnie i dasz do tego prawo innym.

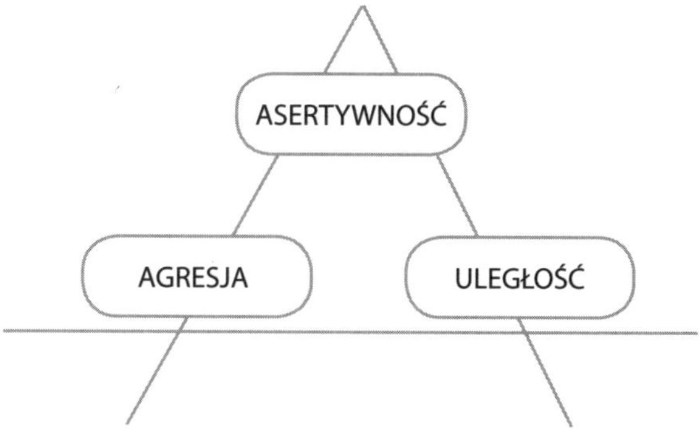

Zapamiętaj

Asertywność pozwala na spokojne i stanowcze wyznaczanie granic, wyrażanie swoich potrzeb i oczekiwań, odmawianie bez poczucia winy, tłumaczenia się i usprawiedliwiania. Daje prawo do niewiedzy i popełniania błędów.

Dlaczego jednak problem z asertywnością jest tak powszechny? Wydaje się, że byłoby najlepiej, gdyby wszyscy byli asertywni – a tak nie jest.

To dlatego, że brak asertywności, czyli zachowania agresywne i uległe, jest pewnym objawem, którego przyczynę trzeba odnaleźć. Nie należy obwiniać się za brak asertywności, bo jego przyczyna leży gdzieś głęboko, schowana w naszej nieświadomości. To, jacy jesteśmy, dlaczego reagujemy tak czy inaczej, czyli nasza osobowość, kształtuje się w wyniku wielu różnych oddziaływań z przeszłości, relacji z ważnymi dla nas osobami już w okresie wczesnego dzieciństwa i później. System wartości człowieka kształtuje się do 10. roku życia, później może tylko podlegać zmianom.

Różne opracowania podają, że asertywność jest umiejętnością nabytą. Patrząc jednak na zachowanie małego dziecka (patrz rozdział 14), można się zastanawiać, czy rzeczywiście tak jest. Trzylatek potrafi np. stanowczo powiedzieć „nie" lub „ja chcę". Jeśli jego granice są szanowane, jego potrzeby psychiczne właściwie zaspokajane i ma możliwość dokonywania odpowiedniej samooceny, a rodzice uczą go szacunku dla siebie samego i innych, to gdy dorośnie, będzie asertywny w naturalny sposób i nie będzie musiał się tego uczyć. Jeśli natomiast jego potrzeby nie będą zaspokojone: doświadczy chłodu emocjonalnego, odrzucenia, braku akceptacji lub akceptacji warunkowej, poniżania, krytykowania, wyśmiewania, porównywania, zawstydzania lub przeciwnie: nadmiernej ochrony, idealizowania, jest duże prawdopodobieństwo, że jego zachowania będą agresywne lub uległe.

Tak jak nie należy obwiniać siebie za brak asertywności, tak nie powinno się obwiniać n i k o g o, czyli nie odbierać różnych zdarzeń w kategoriach winy.

Cytat

„Rodziców się oskarża, ale się ich nie szkoli. (...) W wychowaniu własnych dzieci i przy zmaganiu się z problemami wewnątrz rodziny rodzice dzisiejsi wciąż stosują wszędzie te same metody, które stosowali ich rodzice, rodzice ich rodziców i dziadkowie ich rodziców. W przeciwieństwie do prawie wszystkich dziedzin cywilizacji stosunki wzajemne rodziców i dzieci zdają się pozostawać wciąż niezmienne. Rodzice wciąż zawierzają metodom, jakimi posługiwano się przed dwoma tysiącami lat!"

***Thomas Gordon**, Wychowanie bez porażek*

Możesz jednak przerwać destrukcyjny wpływ z przeszłości i nabyć umiejętności asertywnego reagowania, jeśli jej nie posiadasz, czyli po prostu nauczyć się jej – wcześniej przyznawszy sobie do tego prawo.

Zapamiętaj

Nauka samych technik odmawiania czy wyrażania oczekiwań może nie być skuteczna. Te techniki to ostatni etap nauki asertywności. Wcześniej warto:

- poznać, zrozumieć, zaakceptować własne emocje;
- budować poczucie własnej wartości;
- zrozumieć istotę granic psychologicznych;
- dać sobie prawo do autonomii własnego i cudzego terytorium.

Masz także prawo do tego, by – jeśli chcesz – nie być asertywnym. Wszyscy mogą od czasu do czasu mieć kłopoty z asertywnością. Może też być tak, że w pewnych obszarach jesteś asertywny, a w innych nie.

Pewna znajoma, kilka lat po swoim rozwodzie, już humorystycznie analizując tę sytuację, powiedziała: „Wyszłam za mąż, bo mi asertywności zabrakło!".

Ćwiczenie

Spróbuj odpowiedzieć na poniższe pytania, wstawiając krzyżyk w odpowiednim okienku. Ciemne okienka pokazują obszar trudności w asertywnym reagowaniu.

Jak reagujesz?	**tak**	**nie**
1. Czy potrafisz powiedzieć „nie", gdy ktoś namawia cię na coś, na co nie masz ochoty?		
2. Czy usprawiedliwiasz swoją odmowę, tłumaczysz się?		
3. Czy czujesz się winny, jeśli odmówisz?		
4. Czy zgadzasz się na coś wbrew swojej chęci, ulegając czyjejś namowie?		
5. Czy potrafisz zaprotestować, jeśli ktoś zachowuje się niesprawiedliwie wobec ciebie?		
6. Jeśli dzieje się coś, czego nie akceptujesz – czy potrafisz otwarcie wyrazić sprzeciw?		
7. Jeśli masz inne zdanie niż rozmówca, czy potrafisz je otwarcie wyrazić?		
8. Czy czujesz się czasem winny w sytuacjach, na które nie miałeś wpływu?		
9. Czy niekiedy czujesz, że powinieneś dostosować się do otoczenia wbrew własnej woli i przekonaniom?		
10. Czy czujesz się odpowiedzialny za dorosłe osoby w twoim otoczeniu?		
11. Czy czujesz się zmieszany, gdy ktoś cię chwali?		
12. Czy bywa tak, że zgadzasz się na jakiś zakup, bo np. długo oglądasz towar w sklepie lub trudno ci odmówić sprzedawcy?		
13. Czy trudno ci odmówić, gdy w pracy dostajesz coraz więcej dodatkowych obowiązków?		
14. Czy jest ci trudno przedstawić się w pozytywach podczas szukania pracy?		
15. Czy mówisz otwarcie, co czujesz, gdy czyjeś zachowanie ci przeszkadza?		
16. Czy potrafisz się obronić podczas nieuzasadnionej krytyki?		

17. Czy potrafisz przyjąć uzasadnioną krytykę?		
18. Czy potrafisz otwarcie powiedzieć, czego oczekujesz od innych?		
19. Czy zdarza ci się sugerować otoczeniu, czego oczekujesz?		
20. Czy obrażasz się, jeśli twoje oczekiwania nie są spełnione?		
21. Czy czujesz się winny, jeśli ktoś się na ciebie obraża?		
22. Czy potrafisz zwrócić się o pomoc dla siebie?		
23. Czy jeśli ktoś cię krytykuje, odbierasz to jako pretensje i bronisz się, reagując agresywnie?		
24. Czy zdarza ci się mówić ironicznie o kimś lub do kogoś?		
25. Czy masz wrażenie, że inni ludzie cię wykorzystują lub tobą rządzą?		
26. Czy zdarza ci się wyrażać złość w sposób agresywny?		
27. Czy potrafisz otwarcie wyrazić sympatię do kogoś?		
28. Czy jest ci trudno wypowiadać się na forum grupy?		
29. Czy czasem narzucasz swoje zdanie innym?		
30. Czy unikasz wypowiadania własnego zdania, bo np. wydaje ci się, że nie jest ważne?		
Suma		

Cytat

„Zachowanie asertywne to zespół zachowań interpersonalnych, wyrażających uczucia, postawy, życzenia, opinie lub prawa danej osoby w sposób bezpośredni, stanowczy i uczciwy, a jednocześnie respektujący uczucia, postawy, życzenia, opinie i prawa innej osoby (osób). Zachowanie asertywne może obejmować ekspresję takich uczuć jak: gniew, strach, zaangażowanie, nadzieje, radość, rozpacz, oburzenie, zakłopotanie itp., ale w każdym z tych przypadków uczucia te wyrażane są w sposób, który nie narusza praw innych osób. Zachowanie asertywne odróżnia się od zachowania agresywnego, które wyrażając uczucia, postawy, życzenia, opinie lub prawa, nie respektuje tych samych elementów u innych osób".

Maria Król-Fijewska, *Trening asertywności*

Część pierwsza

Przyczyny braku asertywności

Z tej części dowiesz się:

- dlaczego wiesz, ale nie czujesz, że masz prawo być asertywny;
- jakie mogą być przyczyny trudności w emocjonalnym przyswajaniu tego, co wiesz;
- jaki jest związek między asertywnością a potrzebami psychicznymi i emocjami.

Rozdział 1

Asertywność a potrzeby psychiczne

Z tego rozdziału dowiesz się:

- jakie potrzeby należy zaspokoić dla prawidłowego rozwoju i zdrowia;
- co to jest deprywacja potrzeb i jakie są jej skutki;
- jak możesz sobie pomóc, jeśli twoje potrzeby nie zostały zaspokojone w wystarczającym stopniu.

Oczywiste jest, że do życia potrzebujemy pożywienia, powietrza, snu – czyli zaspokojenia potrzeb biologicznych. Jest to naturalna, zrozumiała i powszechnie akceptowana konieczność, niepodlegająca dyskusji. Natomiast nie zawsze rozumiana jest konieczność zaspokajania potrzeb psychicznych, emocjonalnych, bez których nie jest możliwe prawidłowe funkcjonowanie.

Częstym błędem rodziców, którzy nie zwracają uwagi na potrzeby emocjonalne swojego dziecka, jest zdziwienie: „Dlaczego on jest taki nieznośny, przecież ma w s z y s t k o – własny laptop, firmowe ciuchy, pokój z osobną łazienką...".

No właśnie, komputer, markowe ubrania, własny pokój itp. to n i e w s z y s t k o. Jeśli dziecko traktowane jest z emocjonalnym dystansem, spotyka się z odrzuceniem, brakiem zrozumienia, zbyt wygórowanymi oczekiwaniami lub brakiem akceptacji – to dostarczenie dóbr materialnych nie zapewni mu stabilności emocjonalnej, spokojnej pewności siebie – potrzebnych do asertywnego reagowania.

Niezaspokojone potrzeby emocjonalne stają się fundamentem, podstawą do wypaczonego odbierania siebie, swoich relacji z ludźmi, reakcji otoczenia. Patrzymy wtedy przez pryzmat własnych trudnych doświadczeń, zupełnie nieświadomie przenosząc wzorce z przeszłości na obecną rzeczywistość.

Słynny amerykański psycholog Abraham Maslow zdefiniował listę potrzeb, które odczuwamy wszyscy. Przedstawił je w postaci piramidy: od potrzeb najbardziej podstawowych do coraz wyższego stopnia.

Rys. 1.1. Piramida potrzeb

Tak naprawdę wszyscy dążymy do zaspokojenia własnych potrzeb, od najbardziej podstawowych do tych coraz wyższego rzędu. Wiadomo, że ktoś głodny czy zmarznięty będzie dążył do zmiany tego stanu. Dopiero gdy zaspokoi głód i się ogrzeje, może zająć się innymi swoimi potrzebami.

W praktyce potrzeby emocjonalne łączą się i zazębiają ze sobą. Na co dzień nie uświadamiamy ich sobie, nie myślimy o nich, lecz odczuwamy je, gdy znajdują się w warstwie emocjonalnej naszej psychiki. Czujemy się dobrze i spokojnie, gdy nasze potrzeby są zaspokojone. Odczuwamy dyskomfort lub frustrację, gdy jesteśmy pozbawieni możliwości zaspokojenia naszych potrzeb. Ta niemożność nosi w psychologii nazwę deprywacji.

Potrzeba bezpieczeństwa

Żyjemy w czasach pokoju, zdecydowana większość z nas ma dach nad głową, a jednak często odczuwamy stan mniejszego lub większego zagrożenia, czyli nie czujemy się bezpiecznie.

Już w momencie porodu doznajemy szoku – z ciepłego i bezpiecznego miejsca wydostajemy się na zimny i groźny świat, w warunkach szpitalnych odseparowani jesteśmy od matki i pozostawieni sami sobie.

W okresie dzieciństwa i dojrzewania doświadczamy wielu lęków i niepokojów. Dorosły człowiek posiada mechanizmy obronne, dzięki którym jest w stanie sobie zracjonalizować, czyli wytłumaczyć, różne obawy, dziecko jednak jeszcze tego nie potrafi. Potrzebuje kogoś, kto powie: „Będzie dobrze", ukoi dziecięce lęki, czyli da poczucie bezpieczeństwa.

W praktyce dorośli często sami straszą dzieci, chcąc, żeby ze strachu były grzeczne i posłuszne.

Spróbuj przypomnieć sobie, czy słyszałeś kiedyś w stosunku do siebie lub innych osób podobne groźby:

- nie wchodź na schody, bo tam cię czarownica złapie;
- jak będziesz niegrzeczny, to w nocy przyjdzie Baba-Jaga (Buka itd., w zależności od środowiska i regionu) i cię porwie!

Zastraszanie jest, niestety, dosyć powszechną praktyką wychowawczą w wielu domach i szkołach. Także niektórzy nauczyciele budują swój autorytet nie na szacunku i uznaniu, lecz na strachu, mówiąc z dumą o swoich uczniach: „Oni się mnie boją".

Dziecko żyjące w poczuciu zagrożenia i strachu staje się lękliwe, nieśmiałe i niepewne. W procesie dorastania takie cechy utrzymują się i z lękliwego dziecka wyrasta nieasertywny, uległy dorosły.

Poczucie bezpieczeństwa jest też ściśle związanie z potrzebą akceptacji (patrz punkt następny). Czujemy się zagrożeni, jeśli obawiamy się krytycznej oceny innych, czyli tego, że nie będziemy akceptowani. Lęk przed oceną (patrz rozdział 6) może paraliżować, uniemożliwiać wiele działań, zabijać twórczość.

Spróbujmy zastanowić się, co czuje dziecko:

- które boi się wrócić ze szkoły do domu, bo tam pijany ojciec pewnie znów będzie wszczynał awantury;
- które otrzymało czwórkę z klasówki, gdy córka sąsiadki dostała piątkę;
- którego rodzice wyjechali za granicę, chorują albo są w trakcie rozwodu;
- które po raz pierwszy idzie do szkoły, a dotychczas mama lub babcia we wszystkim je wyręczały.

Odpowiedź we wszystkich przypadkach brzmi: strach, lęk, niepokój, obawę – różne odcienie tych emocji. Możemy mnożyć przykłady sytuacji, w których nasze poczucie bezpieczeństwa jest zachwiane lub czujemy się zagrożeni. Przyjrzymy się bliżej tym emocjom w rozdziale 2.

Wszystkie przeżycia, emocje, zdarzenia, wszystko, czego doświadczamy, pozostaje w naszej psychice, jak na kręconym przez życie filmie. Nie wszystko jednak pamiętamy – naszą psychikę chroni mechanizm obronny zwany wyparciem. Polega on na tym, że różne zagrażające treści wypieramy z pamięci, zapominamy je. Ślady po tych zdarzeniach pozostają w postaci objawu, czyli np. jako nasze reakcje na różne osoby, ich zachowania, na rozmaite sytuacje. Nieświadomie powielamy zdarzenia i relacje z przeszłości. Jeśli dziecko nie zaznało wsparcia, stabilizacji emocjonalnej, nie miało jasno wyznaczonych granic, czuło się zagrożone i niepewne, to jest duże prawdopodobieństwo, że jako osoba dorosła będzie nieufne, pełne obaw, mało stanowcze. Może mieć problem z zaufaniem do ludzi, bo kiedyś ważni dla niego dorośli to zaufanie zawiedli.

Jeśli natomiast dziecko wzrasta w atmosferze miłości, wsparcia i zrozumienia, ma stabilne oparcie w rodzinie, to gdy dorośnie, będzie silne wewnętrznie i odporne na zagrażające wpływy.

Potrzeba akceptacji

Akceptacja wiąże się ściśle z bezpieczeństwem. Czujemy się zagrożeni, jeśli nie odczuwamy akceptacji ważnych dla nas osób – rodziców, partnerów w związku, zwierzchników – ale też dalszego otoczenia.

Z jednej strony powszechnie wiadomo, że nie da się lubić wszystkich dookoła jednakowo, ale z drugiej – chcemy, żeby wszyscy nas lubili. Niektórzy odczuwają bardzo silną, neurotyczną potrzebę akceptacji, są to głównie te osoby, które w dzieciństwie doświadczyły niedosytu akceptacji.

Dla prawidłowego rozwoju emocjonalnego dziecko potrzebuje bezwarunkowej akceptacji – po prostu za to, że jest.

Często jednak ma miejsce akceptacja warunkowa, czyli dziecko jest akceptowane z a c o ś, np. za to, że spełnia oczekiwania rodziców. Jeśli ich nie spełnia, doświadcza odrzucenia emocjonalnego.

Takie oczekiwania mogą być bardzo różne i nie zawsze możliwe do zrealizowania. Rodzice oczekują np., że:

- dziecko z zespołem nadpobudliwości psychoruchowej (ADHD) będzie siedziało spokojnie przez godzinę;
- ich dziecko będzie zawsze pogodne, uśmiechnięte i szczęśliwe;
- syn z upodobaniem do muzyki będzie trenował piłkę nożną;
- dziecko będzie posłusznie wykonywało wszystkie polecenia rodziców, bez wypowiadania własnego zdania.

W przypadku akceptacji warunkowej dziecko jest doceniane i chwalone pod warunkiem, że zachowuje się tak, jak chcą tego rodzice. A ponieważ dziecku bardzo zależy na ich akceptacji, to przekonanie, że nie spełnia ich oczekiwań, jest źródłem ogromnej frustracji, poczucia winy i negatywnego wyobrażenia na własny temat.

W takich sytuacjach rodzice zapominają, że dziecko jest autonomiczną jednostką, że ma swoje granice psychiczne (patrz rozdział 6), że też ma prawo do własnych emocji, myśli, oczekiwań czy popełniania błędów.

Zapamiętaj

Akceptacja bezwarunkowa – to akceptowanie kogoś takim, jakim jest, bez korzyści dla siebie (np. podnoszenia poczucia własnej wartości dzięki sukcesom swoich dzieci). To pozwalanie drugiej osobie na bycie sobą, bez udawania i odgrywania ról. To zrozumienie dla tego kogoś, prawdziwie empatyczne, z poszanowaniem jego granic i terytorium. To zgoda na jego niedoskonałość.

Akceptując bezwarunkowo inną osobę (dziecko czy dorosłego), pozwalamy jej akceptować siebie, czyli budujemy jej poczucie własnej wartości.

Zarazem rodzice to „też ludzie", mają więc prawo do własnych emocji, np. złości, gdy zachowania dziecka są niezgodne z przyjętymi normami. Wtedy jednak brak akceptacji odnosi się do konkretnego zachowania, a nie do dziecka jako takiego.

Potrzeba przynależności

Człowiek jest istotą społeczną, „zwierzęciem stadnym", czyli po prostu czuje potrzebę przynależności do jakiejś grupy, „stada". Początkowo, we wczesnym dzieciństwie, jest to najbliższa rodzina. Dla dziecka mama, tata, babcia i dziadek to cały świat, z którym buduje silne więzi. W okresie dorastania młody człowiek szuka swojego „stada" i odczuwa silną potrzebę przynależenia do jakiejś grupy czy organizacji, formalnej lub nieformalnej. Wtedy też silna jest potrzeba akceptacji przez grupę. Młody człowiek jest w stanie wiele zrobić i znieść, by jego grupa go zaakceptowała. Zarazem często ma trudności z asertywnym odmawianiem – presja grupy jest bardzo silna i bardzo silny jest też lęk przed odrzuceniem przez nią.

Przykład

Andrzej wychowywał się w przeciętnej rodzinie. Nie była ani zła, ani dobra, choć rodzice byli bardzo zajęci pracą. Andrzej był jedynakiem, często zostawał sam w domu. Miał wrażenie, że dla rodziców najważniejsze jest, aby im nie przeszkadzał. Żył więc własnym życiem, w poczuciu, że rodzice go nie potrzebują i nie rozumieją. Często było mu bardzo smutno, wtedy izolował się i słuchał w samotności muzyki. W szkole trzymał się na uboczu i „nie sprawiał trudności wychowawczych", jak mówili nauczyciele.

Pod koniec szkoły średniej poznał ludzi, którzy okazali mu zainteresowanie – poczuł się ważny, potrzebny, akceptowany. Tworzyli grupę, która mogła dać mu przynajmniej część tego, czego brakowało mu w domu. Stali się dla niego ważni. Problem polegał na tym, że nowi koledzy Andrzeja zażywali narkotyki. Andrzej też zaczął, początkowo marihuanę, a stopniowo coraz mocniejsze używki. Nie był w stanie odmówić, bo branie narkotyków było warunkiem przynależności do „stada", którego tak bardzo potrzebował.

Dopiero terapia w ośrodku leczenia uzależnień (gdzie istotnym elementem pracy terapeutycznej jest właśnie terapia grupowa) pomogła mu wyzwolić się z nałogu i odzyskać siebie.

Jak widać, kierujące nami nieświadome siły, dążące do zaspokojenia potrzeb (w przypadku Andrzeja – potrzeby akceptacji i przynależności), są tak ogromne, że jesteśmy gotowi działać na własną zgubę i lecieć na zatracenie, jak ćma do ognia.

Z potrzebą przynależności wiąże się także lęk przed tym, jak ocenią nas inni. Bo jeśli ci inni ocenią nas krytycznie – to może się zdarzyć, że nas odrzucą. Z lęku przed odrzuceniem ulegamy czyjejś presji, zgadzamy się wbrew sobie, nie jesteśmy w stanie odmówić.

Tu należy przypomnieć zaobserwowaną prawidłowość, że jeśli dziecko ma w domu „stado", które je rozumie, akceptuje i udziela wsparcia, to nie będzie za wszelką cenę szukać tego gdzie indziej. Będzie potrafiło znaleźć grupę dobrą i bezpieczną dla siebie oraz zadbać o własne granice.

Potrzeba szacunku i uznania

Z potrzebami wymienionymi wcześniej łączy się potrzeba szacunku i uznania. I podobnie jak w wypadku potrzeb wcześniejszych, podstawy szacunku do samego siebie powstają już w dzieciństwie, w relacjach z najważniejszymi osobami – rodzicami, opiekunami. Jeśli dziecko było poniżane, traktowane przedmiotowo, krytykowane, to czuje się podobnie nawet jako dorosły. Takiej osobie trudno jest szanować siebie, a więc i szanować innych. Takie pojęcia, jak szacunek, tolerancja, zrozumienie dla odmienności, zna w teorii, ale nie potrafi zastosować ich w praktyce.

Niestety, dzieci często są poniżane. W wielu domach czy szkołach dziecko słyszy: „Ty smarkulo...", „Ty leniu...", „Ty idioto...". A to i tak łagodniejsze z epitetów, niejednokrotnie rzeczywistość bywa znacznie gorsza. Później dziecko, jak w teatrze, odgrywa w relacjach z rówieśnikami to, czego samo doświadczyło. Wychowawcy przedszkolni oburzają się, słysząc, jak dzieci potrafią przezywać kolegów, a przecież – choć uczą się też od siebie nawzajem – najczęściej wynoszą te określenia z własnego domu, gdzie są poniżane i obrażane przez dorosłych.

Budowanie własnej wartości dziecka zaczyna się od tego, że dorośli w domu odnoszą się do niego z szacunkiem, zrozumieniem i akceptacją. Głęboka mądrość zawiera się w starym, ludowym przysłowiu: „Czym skorupka za młodu nasiąknie, tym na starość trąci".

Poniżane dziecko nasiąka nieufnością, strachem, złością i poczuciem krzywdy, po czym zupełnie nieświadomie identyfikuje się ze swoim agresorem, przenosząc takie zachowania na innych. Aby odnosić się do siebie samego i innych z uznaniem i szacunkiem oraz poszanowaniem własnych i cudzych granic, dziecko musi być traktowane w taki właśnie sposób przez swoich najbliższych.

Potrzeba miłości

Chodzi tu o miłość w szerokim znaczeniu – nie tylko miłość rodzicielską czy partnerską, lecz także ogólnoludzką.

„Kochaj bliźniego swego jak siebie samego". Wszyscy znamy to przykazanie, choć zwykle koncentrujemy się na jego pierwszej części, zapominając zupełnie o drugiej. Nie uda się nam prawdziwie „kochać bliźniego", jeśli nie jesteśmy sami w zgodzie ze sobą. Trzeba zacząć od pokochania siebie, żeby móc oddać tę miłość innym. Może teraz ktoś zapyta: „To mam być egoistą?". Próbę odpowiedzi na to pytanie znajdziesz w rozdziale 6.

Umiejętność kochania, nawiązywania i utrzymywania trwałych więzi też wynosimy z domu rodzinnego. Jeśli dziecko zaznało miłości, nasiąknęło nią, to jest w zgodzie ze sobą i może tę miłość rozdawać innym.

Potrzebujemy miłości – jeśli czujemy się kochani, to automatycznie czujemy się też bezpieczni, akceptowani, szanowani, przynależni do kogoś.

Brak miłości, w sensie odrzucenia emocjonalnego, prowadzi u dziecka do wielu złożonych urazów, których opisanie wykracza poza ramy niniejszego poradnika. W dużym uproszczeniu mówiąc, mogą to być np. urazy narcystyczne, polegające na tym, że osoba pozbawiona miłości koncentruje się na sobie i kocha głównie siebie, nie wykazuje empatii w stosunku do innych.

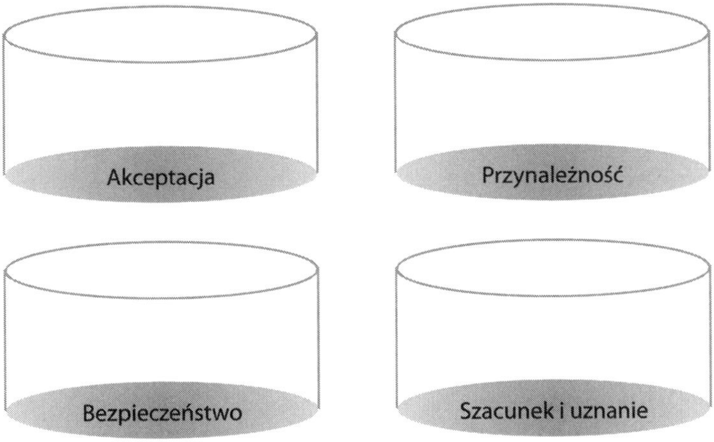

Rys. 1.2. Akceptacja – Przynależność – Bezpieczeństwo – Szacunek i uznanie

Możesz wyobrazić sobie, że masz w sobie takie pojemniczki na potrzeby: bezpieczeństwo, akceptację, przynależność, szacunek, miłość... Niektóre z tych pojemniczków mogły być często napełniane w dzieciństwie, inne – są całkiem puste, gdy doświadczyłeś deprywacji potrzeb.

Zapamiętaj

Nawet jeśli twoje pojemniczki nie są napełnione do końca lub są całkiem puste, to możesz je sam napełnić. Jako dorosły możesz sam dać sobie wsparcie, akceptację, szacunek czy bezpieczeństwo. Teraz już nie jesteś bezradnym dzieckiem zależnym od potężnych dorosłych. Teraz ty masz w sobie siłę i moc sprawczą, by dać sobie to, czego ci brakowało. To jest możliwe.

Może być tak, że to właśnie kolejne rozdziały tego poradnika pomogą ci napełnić pojemniczki – masz prawo do zaspokajania podstawowych potrzeb psychicznych i spełnienia naturalnych oczekiwań.

Podsumowanie

1. Zaspokajanie potrzeb psychicznych, emocjonalnych jest podstawowym, niezbędnym warunkiem zdrowego funkcjonowania jednostki.
2. Brak zaspokojenia, czyli deprywacja potrzeb w okresie dzieciństwa, skutkuje wieloma trudnościami w dorosłym życiu.
3. Według Abrahama Maslowa potrzeby dzielimy na fizjologiczne: głód, ochrona przed zimnem itd., i psychologiczne, emocjonalne: poczucie bezpieczeństwa, przynależności, miłości, poczucie własnej wartości i samorozwoju.
4. Potrzeby psychiczne wzajemnie się łączą i uzupełniają, jedna wynika z drugiej, np. to, że jesteśmy kochani, akceptowani i szanowani, wpływa na nasze poczucie bezpieczeństwa.
5. Sytuacje, jakich doświadczamy w pierwszych latach życia, i stopień zaspokajania potrzeb pozostają w nas w postaci objawów, np. naszych zachowań w relacjach z innymi.
6. Na co dzień nie łączymy doświadczeń z przeszłości z tym, jak reagujemy na chwilę obecną – doświadczenia te pozostają w naszej nieświadomości, często nie wiemy o nich i ich nie pamiętamy.
7. Poczucie bezpieczeństwa w okresie dzieciństwa jest potrzebne, by w dorosłym życiu mieć np. odwagę reagować asertywnie, podejmować samodzielne decyzje.
8. Poziom zaspokajania potrzeby akceptacji, czyli fakt, na ile byliśmy akceptowani, na ile nas szanowano i doceniano, wpływa na nasze wyobrażenie o sobie, na nasze poczucie własnej wartości.
9. Potrzebę samorealizacji możemy zaspokoić wtedy, gdy mamy właściwą samoocenę, znamy swoją wartość, czujemy się bezpiecznie. Takie warunki dają największą szansę na konstruktywną realizację celów.
10. Nawet jeśli twoje potrzeby nie zostały zaspokojone kiedyś w wystarczającym stopniu, możesz jako dorosły sam uzupełnić te braki. Możesz zbudować poczucie własnej wartości, pokochać siebie, poczuć się bezpiecznie. Masz do tego prawo.

Rozdział 2

Asertywność a emocje

Z tego rozdziału dowiesz się:

- jaką rolę odgrywają emocje;
- jaki jest związek między przeżywanymi emocjami a asertywnym reagowaniem;
- jak można regulować emocje.

Umiejętność rozpoznawania emocji

W procesie rozwoju cywilizacji zatraciliśmy w dużym stopniu umiejętność kontaktowania się z naszymi emocjami. Zapomnieliśmy o ich pierwotnej, ewolucyjnej funkcji. Rola emocji została przykryta społecznymi uwarunkowaniami, wieloma mitami i stereotypami. „Czucie i wiara" odeszły w zapomnienie, dominuje za to „mędrca szkiełko i oko", czyli myślenie logiczne, racjonalne. Stwierdzenie, że ktoś kieruje się emocjami, ma obecnie zabarwienie pejoratywne, natomiast z pochwałą spotykają się osoby myślące racjonalnie. Zapominamy, niestety, że nasze myśli mogą podlegać ogromnym, nieświadomym siłom, że różne wyobrażenia mogą być wypaczone, że istnieją różne bariery myślenia, spowodowane wcześniejszymi doświadczeniami, wypartymi do nieświadomości.

Naturalne jest, że mówimy: „Co o tym myślisz?", „Myślę, że…"; natomiast rzadko pada pytanie: „Co czujesz?".

Prawda jest taka, że aby reagować asertywnie, adekwatnie do sytuacji, warto umieć kontaktować się ze swoimi emocjami, rozpoznawać je i łączyć z logicznym myśleniem.

Część mózgu odpowiadająca za emocje jest ewolucyjnie starsza od części zajmującej się myśleniem. Mamy tak naprawdę trzy mózgi: mózg gadzi, mózg ssaczy i korę mózgową, najmłodszą, właściwą dla *homo sapiens*. Rozwój ewolucyjny mózgu odpowiada mniej więcej rozwojowi mózgu embriona.

Najstarsza część, nazywana mózgiem gadzim, leży u podstawy mózgu, od strony nasady szyi. Kontroluje ona instynktowne odruchy, odbywające się bez udziału woli i świadomości, oraz takie funkcje, jak oddychanie czy krążenie krwi. Powoduje natychmiastowe reakcje obronne w przypadku niebezpieczeństwa, a także odpowiada za tempo bicia serca, pocenie się rąk itp.

Następny w kolejności ewolucyjnej jest system limbiczny, zwany mózgiem ssaczym. Tu właśnie powstaje odruch ssania i popęd seksualny, i tu mieści się pamięć długotrwała. Właśnie ta część mózgu jest odpowiedzialna za emocje i uczucia. Jest to istotne w procesie uczenia się – zdecydowanie łatwiej zapamiętujemy treści o zabarwieniu emocjonalnym.

Zewnętrzna, górna część mózgu to kora mózgowa. Jest najmłodszą jego częścią i odpowiada za myślenie, mowę, słuch, kreatywność, inaczej mówiąc, jest to część intelektualna.

Różne funkcje spełniają też półkule mózgowe: lewa i prawa. Lewa – to logika, matematyka, cyfry, słowa, język. Prawa – to wyobraźnia, intuicja, muzyka, rytmy i rymy, obrazy. Półkule uzupełniają się nawzajem, lecz, niestety, w systemie szkolnictwa preferowane jest stymulowanie lewej półkuli, podczas gdy prawa jest zaniedbywana.

Widać wyraźnie, że wszystkie części mózgu odgrywają określoną rolę, ewolucyjnie są „po coś" – dla ochrony przed niebezpieczeństwem, dla przetrwania gatunku. Przez wiele milionów lat spełniały swoją funkcję, doprowadziły do niewyobrażalnego rozwoju gatunku *homo sapiens* w stosunku do innych ssaków.

Rozwój intelektualny zdecydowanie wyprzedził obszar emocjonalny, który został w tyle – zapomnieliśmy, jak z niego korzystać i do czego właściwie służy. W związku z różnymi zniekształceniami percepcji zaczęliśmy dzielić emocje na złe i dobre – czyli oceniać je. W konsekwencji nauczyliśmy się wypierać lub ukrywać uczucia społeczne określane jako złe, np. gniew czy złość, udajemy, że ich nie ma.

Warto jednak sięgnąć do ssaczej części mózgu, odkurzyć ją, odświeżyć i przestać udawać, że nie odczuwamy emocji.

Trudność w rozpoznawaniu emocji ma też inne przyczyny. Tak zwane złe emocje nie są akceptowane społecznie, więc je wypieramy, ukrywamy, oduczamy się je przeżywać.

Małe dziecko spontanicznie wyraża swoje emocje – płaczem, krzykiem, tupaniem. Jeśli jest za to karcone, przestaje okazywać uczucia, stopniowo nawet traci z nimi kontakt. Nie znaczy to, oczywiście, że mamy pozwalać na przejawy terroru emocjonalnego ze strony dziecka, ale to już inny problem, wykraczający poza ramy niniejszego poradnika.

Kontakt z emocjami tracimy również wtedy, gdy jakieś urazy czy braki są bardzo silne, zagrażające. Nasze uczucia w takich sytuacjach – lęk, ból, rozpacz, żal, rozgoryczenie, złość, gniew – też są bardzo silne i zdarza się, że odcinamy się od nich, by przestać je przeżywać. Dziecko, któremu często się to przytrafia, w dorosłym życiu nie będzie wiedziało, co czuje.

Jeśli nie mamy kontaktu z własnymi emocjami, trudno jest nam rozpoznać cudze uczucia. Nie odczuwamy wtedy empatii wobec innych, bo nie można utożsamiać się uczuciowo z innymi, jeśli nie ma się świadomości własnych uczuć.

Ćwiczenie

Spróbuj zastanowić się, co czujesz, gdy:

- spieszyłeś się do pociągu, a on odjechał, gdy wbiegałeś już na peron;
- jedziesz autem w takiej mgle, że widoczność jest bardzo ograniczona;
- słuchasz prognozy pogody i dowiadujesz się, że opady deszczu spowodowały groźbę powodzi;
- kolega z pracy dostał awans, którego ty się spodziewałeś;
- widzisz małego, zziębniętego psa, którego ktoś prawdopodobnie wyrzucił na ulicę;
- znajomi roznoszą jakieś plotki o tobie;
- oglądasz wschód słońca latem nad jeziorem.

Spróbuj wypisać maksymalnie dużo odcieni emocji.

Funkcje emocji

Emocje są jak barwy – podstawowe i pochodne. Różni badacze różnie definiują emocje podstawowe. Przyjmijmy za Paulem Ekmanem, że cztery podstawowe to: strach, złość, smutek i radość. Można je uzupełnić o zdziwienie, zaskoczenie, wstręt. Wszystkie mogą mieć rozmaite odcienie, a z nich mogą powstać kolejne uczucia. Przykładowo zazdrość może być mieszaniną złości, smutku i odrobiny strachu. Wstyd łączy w sobie strach, obawę, smutek i trochę złości.

Można zadać sobie pytanie, po co nam emocje. Sądząc po tym, że ich ośrodek znajduje się w części mózgu bardziej pierwotnej niż kora mózgowa, emocje mają ewolucyjnie spełniać jakąś funkcję.

Istotnie, emocje mają ogromny potencjał do wykorzystania, pod warunkiem jednak, że nie rozpatrujemy ich w kategoriach dobrych czy złych. Odczytując własne emocje, możemy nauczyć się rozpoznawać, co przekazują, co sygnalizują. Taką umiejętność mieli nasi przodkowie – my możemy się jej nauczyć na nowo.

Złość i gniew

Złość jest powszechnie uważana za „złą" emocję. Nie jest społecznie akceptowana, uczymy się ją wypierać i odrzucać. Od dzieciństwa słyszymy uwagi: „Nie złość się", „Złość piękności szkodzi", „Grzeczna dziewczynka się nie złości" i podobne. W związku z tym obawiamy się złości, wstydzimy się jej, zaprzeczamy, że istnieje.

Jednak, jak już było powiedziane wcześniej, złość jest jednym z podstawowych uczuć, które ma do wykonania określone zadania. Ale jakie?

Przypomnij sobie ćwiczenie z podrozdziału *Umiejętność rozpoznawania emocji*. Złość pojawia się wtedy, gdy:

- uciekł ci pociąg, na który się śpieszyłeś;
- nie dostałeś awansu, którego się spodziewałeś;
- znajomi plotkują na twój temat.

Jak widzisz, odczuwasz złość wtedy, gdy jakieś twoje oczekiwania nie zostały spełnione lub gdy zostały naruszone granice twojego terytorium psychicznego. Czyli po prostu złość informuje o tym, co się dzieje.

Gdy odczuwamy złość, organizm mobilizuje się do działania, mamy energię, siłę. Jesteśmy w stanie przekopać ogródek lub umyć wszystkie okna...

Jednakże w związku ze społecznym brakiem przyzwolenia na złość często nie dajemy sobie do niej prawa. Obawiamy się złości, zarówno cudzej, jak i własnej. Zupełnie niesłusznie złość jest mylona z agresją i przemocą, choć należą do całkiem różnych sfer pojęciowych.

Zapamiętaj

Przyjmijmy, że człowiek ze swej natury jest „zwierzęciem agresywnym". Jemy mięso, walczymy, i to na różne sposoby. Tak jest i nie mamy na to wpływu. Możemy, oczywiście, np. stosować dietę wegetariańską, ale nie zmieni to natury człowieka, co potwierdza cała historia ludzkości. A zatem, jeśli nie mamy na to wpływu, to warto po prostu ten fakt zaakceptować i dać sobie prawo do przeżywania złości.

Natury nie zmienimy. Jeśli wypieramy naszą złość, zaprzeczamy jej istnieniu, chowamy ją, dusimy w sobie lub zamieniamy w smutek, łzy i poczucie przykrości – ona wtedy żyje własnym życiem i pustoszy nasz organizm, wywołując np. choroby psychosomatyczne, jak nerwice serca, wrzody żołądka, a nawet nowotwory i wiele innych.

Nie mamy możliwości asertywnego reagowania, jeśli nie mamy kontaktu z własną złością. Jeśli nie „oswoimy" złości, to – całkiem nieświadomie – będziemy zachowywać się agresywnie, np. ironizując na temat innych, żartując cudzym kosztem, mówiąc złośliwości, uszczypliwości. Plotkowanie też jest formą nieświadomej agresji.

Obawiamy się złości, bo wydaje się nam przerażająca i taka ostateczna. Uważamy, że jeśli złościmy się na najbliższych, to znaczy, że ich nie kochamy. Nieprawda! Można kogoś bardzo kochać, a i tak czasem złościć się na niego. To dlatego, że wobec osób dla nas ważnych mamy większe oczekiwania niż wobec osób nam obojętnych. Jeśli te oczekiwania nie zostaną spełnione, złościmy się, ponieważ im ważniejsza jest dla nas osoba, tym silniejsze są emocje z nią związane. Naturalne, że czasem złoszczą się na siebie partnerzy w związku, rodzice na dzieci, dzieci na rodziców, przyjaciele na siebie itd. Wszyscy mają prawo do złości, ale jeśli zostanie odpowiednio wyrażona, to mija bez śladu.

Warto po prostu swoją złość zaakceptować i dać sobie do niej prawo – wtedy przestaje być straszna i zagrażająca. Jeśli odbieramy złość jako zwykłą, naturalną emocję, pełniącą funkcję nośnika informacji lub energii, to zdecydowanie łatwiej jest ją wyrazić. Wiele obaw dotyczących złości wiąże się właśnie z trudnością w jej konstruktywnym wyrażaniu.

Obawiasz się np., że jak wpadniesz w gniew, to wymknie się on spod kontroli i zrobisz komuś krzywdę, albo że mówiąc o swojej złości, sprawisz innej osobie przykrość lub ją obrazisz. Konstruktywnym wyrażaniem złości zajmiemy się w rozdziale 8.

Strach i lęk

Podobnie jak złość strach też pełni określoną funkcję, też jest nam do czegoś potrzebny. Ostrzega nas przed niebezpieczeństwem, czyli chroni. Patrząc od strony ewolucyjnej, był chyba najważniejszą emocją, przydatną do przetrwania gatunku. W mózgu za odczuwanie strachu odpowiedzialne jest ciało migdałowate.

Z naturalnej, potrzebnej do przetrwania emocji ludzkość zrobiła coś wstydliwego, nieprzyjemnego. Przyczyniły się do tego negatywne skojarzenia i określenia związane z pojęciem tchórzliwości. Nie wypada więc się bać, bo powszechnie ceniona i akceptowana jest odwaga. Znowu naturalna emocja została wypchnięta, uznana za krępującą, bo nie wypada przyznawać się do strachu.

Pierwotnie strach pozwalał człowiekowi na błyskawiczną reakcję w momencie zagrożenia: walczyć czy uciekać. Ucieczka była naturalną alternatywą obrony, bez oceny w kategoriach: zła czy dobra, wypada czy nie wypada. Wycofanie się chroniło.

Strach jest konkretny, bo na ogół wiemy, czego się boimy, ale czasem zamienia się w bezprzedmiotowy, wszechogarniający lęk. W formie patologicznej może przybrać postać neurotycznego lęku i fobii, nerwic lękowych i podobnych.

Ze strachem też warto się zaprzyjaźnić, docenić jego rolę i zaakceptować go. To, co jest nazwane i wyrażone, przestaje straszyć, przestaje zagrażać.

Drugim biegunem strachu może być złość lub nawet agresja. Właściciele psów z pewnością zauważyli, że ich pupile czasem zachowują się agresywnie na tle lękowym, czyli atakują, kiedy się boją.

Ten sam mechanizm działa także u ludzi – różni agresorzy często po prostu się boją. Boją się np., że ktoś pomyśli, iż są słabi, boją się oceny innych, utraty wizerunku itd.

Zapamiętaj

Zależność strachu i złości można wykorzystać w konstruktywny sposób, np.:

- jeśli się kogoś boisz, zastanów się, może tak naprawdę ta osoba cię złości;
- jeśli już przez strach przebije się złość, to może da ci ona siłę i energię do obrony;
- jeśli masz kontakt ze swoją złością, czyli jesteś jej świadomy, możesz zastanowić się, jak o siebie zadbać.

Wstyd i poczucie winy

Jak już było wspomniane, wstyd i poczucie winy to emocje pochodne, stanowią mieszaninę smutku, strachu i złości. Musimy przyjrzeć się im szczególnie uważnie, bo są dużą barierą w asertywnym reagowaniu.

Ćwiczenie

Zastanów się, czy zdarza się, że:

- wstydzisz się poprosić o coś, na co masz ochotę;
- wstydzisz się odmówić, żeby kogoś nie urazić;
- czujesz się winny, gdy odmówisz, bo może kogoś uraziłeś tą odmową;
- czujesz się winny, gdy nie spełnisz oczekiwań otoczenia.

Próbę poradzenia sobie ze wstydem w takich sytuacjach podejmiemy w rozdziale 6.

Poczucie winy jest toksycznym uczuciem, które nas zatruwa, a wstyd powoduje wycofanie się, ukrywamy się za brakiem aktywności. Neurotyczne poczucie winy i wstydu powstaje już we wczesnym dzieciństwie. Nie mówimy tu o adekwatnym poczuciu winy, gdy rzeczywiście zrobimy coś złego, ale osobom cierpiącym na wyobrażone poczucie winy bardzo trudno jest to rozgraniczyć.

Z pewnością wiele razy słyszałeś zarzuty i oskarżenia, jak te podane niżej:

- „Przez ciebie głowa mnie boli!";
- „Ty mnie do grobu wpędzisz!";
- „Przez ciebie się przewróciłam, bo postawiłeś tu to krzesło!";
- „Jak możesz tak robić? Matka przez ciebie płakała!";
- „Przykro mi, że nie przyjedziesz na spotkanie, tak na ciebie liczyłam!".

Takie i podobne zarzuty budują poczucie winy, i to już od najwcześniejszego okresu w życiu, np. podczas treningu czystości, kiedy dziecko jest zawstydzane, że ubrudziło pieluszkę. Stopniowo poczucie wstydu narasta, by przyjąć wręcz paradoksalne formy: możemy czuć się winni, że deszcz pada, bo ktoś bliski miał ochotę na wycieczkę w góry i teraz jest rozczarowany. To przykład przerysowany, ale dobrze oddaje paradoks poczucia winy. Przypisujemy sobie moc sprawczą w sytuacjach, na które nie mamy wpływu, a potem czujemy się winni, że nasz wpływ nie jest skuteczny. A tak naprawdę mamy wpływ tylko na siebie.

Bliżej przyjrzymy się zjawisku brania odpowiedzialności za innych w rozdziale 6.

Jeśli ktoś nie potrafi kontaktować się ze swoimi uczuciami, może mieć kłopoty z nazwaniem problemu, ze wskazaniem, że cierpi na poczucie winy. Odczuwa wtedy dyskomfort, czuje się „nie w porządku", a przede wszystkim złości się na siebie.

Odczuwanie złości na siebie jest w istocie formą autoagresji i nie przynosi nic dobrego, przeciwnie – działa destrukcyjnie. Poczucie winy jest ściśle powiązane z przeżywaniem złości na siebie.

Złość na siebie nie niesie dobrej energii, jak ta omówiona w poprzednim podrozdziale, lecz – odwrotnie – wywołuje wstyd i smutek, czyli odbiera energię.

Poczucie winy, wstyd i złość na siebie wiążą się z nadmiernymi oczekiwaniami wobec własnej osoby. Jak sobie z tym poradzić? Na to pytanie spróbujemy odpowiedzieć w rozdziale 6.

Zapamiętaj

Nie ma potrzeby złościć się ani na siebie, ani na sytuację. Często zdarza się nam mówić: „Złości mnie ta sytuacja". Musimy jednak mieć świadomość, że sytuacje tworzą ludzie, za każdą sytuacją ktoś stoi i nic złego się nie stanie, jeśli poczujemy do niego złość.

Smutek, żal i poczucie krzywdy

Smutek należy do podstawowych emocji, jest potrzebny, a wręcz niezbędny w sytuacji straty: rozstania, śmierci, dużego rozczarowania. Powoduje obniżenie energii, spowolnienie metabolizmu ciała, wycofanie z aktywności.

Cytat

„Podobna utrata energii mogła sprawiać, że przygnębieni, a tym bardziej podatni na ciosy, ludzie pierwotni trzymali się bliżej swoich siedzib, gdzie byli bezpieczniejsi".

***Daniel Goleman**, amerykański psycholog*

Naturalny smutek może być momentem refleksji, a gdy mija, powraca energia. Wtedy tym mocniej możemy odczuwać radość i zadowolenie. Jednak w postaci patologicznej prowadzi do stanów depresyjnych.

Blisko smutku znajduje się żal i poczucie krzywdy. Żal ma różne odmiany, może być żalem po stracie, ale też żalem do kogoś, będącym rodzajem pretensji.

Mówimy czasem: „Mam do ciebie żal, jest mi przykro". I faktycznie, może tak być, ale gdybyśmy się głębiej nad tym zastanowili, uświadomilibyśmy sobie, że taki żal czy pretensja pojawia się wtedy, gdy nie zostają spełnione nasze oczekiwania i teoretycznie moglibyśmy czuć złość. Jeśli jednak nasza złość nie jest „oswojona" i nie mamy z nią kontaktu – to czujemy i wyrażamy żal i przykrość. Łatwiej jest nam przyznać się do tych uczuć, niż poczuć i wyrazić złość... Zarazem taki komunikat wzbudza poczucie winy, które także ma swoje źródło w złości – i koło się zamyka. Obie strony czują podskórną, ukrytą złość – z wierzchu przykrytą żalem, pretensją i winą. To sytuacja bez wyjścia.

Poczucie krzywdy sięga korzeniami do okresu dzieciństwa i może być utrwalonym nawykiem przeżywania. Oczywiście, jest to proces zupełnie nieświadomy, ale najwyraźniej rola osoby pokrzywdzonej daje jakieś paradoksalne korzyści, skoro przenosimy zachowania z nią związane w dorosłe życie.

Pewne elementy „syndromu dziecka krzywdzonego" mogą występować u wielu dorosłych i blokować reakcje asertywne. Syndrom ten może się przejawiać utrwaleniem roli osoby słabszej, „ofiary" wiecznie wykorzystywanej przez otoczenie, niedocenianej. „Poświęciłem dla nich tyle czasu i energii, a oni są tacy niewdzięczni! Tylko mnie wykorzystują!" – istotnie, może tak być, ale jeśli poczucie, że jest się wykorzystywanym, powtarza się wielokrotnie w różnych sytuacjach i w relacjach z różnymi ludźmi, to można zastanawiać się, na ile jest ono rzeczywiste, a na ile wyobrażone.

Podsumowanie

1. Emocje i uczucia powstają w systemie limbicznym mózgu, zwanym mózgiem ssaczym, starszym ewolucyjnie niż kora mózgowa.
2. Wyróżniamy emocje podstawowe, jak: złość, strach, smutek, radość, zdziwienie i wstręt, oraz emocje pochodne. Wszystkie one były i są ewolucyjnie potrzebne, wszystkie one spełniają określoną funkcję.
3. W wyniku różnych przekazów społecznych trudno jest nam kontaktować się z niektórymi własnymi emocjami, szczególnie ze złością.
4. Rozpoznawanie własnych emocji jest warunkiem niezbędnym dla właściwego ich regulowania, asertywnego reagowania i empatycznego odbierania emocji otoczenia.
5. Złość jest naturalną emocją, pełni funkcję informacyjną i dostarcza energii. Często bywa mylona z agresją, która jest swoistym sposobem wyrażania złości.
6. Strach pełni funkcję ostrzegawczą, pozwala uniknąć niebezpieczeństwa.
7. Smutek jest naturalnym uczuciem w sytuacji straty (rozstania, śmierci bliskiej osoby, rozczarowania). Jest czasem wycofania i refleksji, by później móc odzyskać energię i powrócić do aktywności.
8. Nieadekwatne poczucie winy i wstydu hamuje zachowania asertywne, działa destrukcyjnie.
9. Poczucie żalu i krzywdy może być reakcją nabytą w wyniku doświadczeń z dzieciństwa i bywa utrwalane i przenoszone na inne obszary w dorosłym życiu.
10. Możesz nauczyć się regulować i konstruktywnie wyrażać emocje, pod warunkiem że je zaakceptujesz, oswoisz i dasz sobie do nich prawo.

Rozdział 3

Dysfunkcja rodziny i jej skutki

Z tego rozdziału dowiesz się:

- jakie role przyjmują dzieci w wyniku dorastania w rodzinie dysfunkcyjnej (np. z problemem alkoholowym);
- jakie są skutki odgrywania danej roli w życiu dorosłym;
- jakie trudności w asertywnym reagowaniu niesie ze sobą dana rola.

Przykład

Kasia wychowała się w rodzinie, w której ojciec nadużywał alkoholu. Był kierownikiem w dużej firmie budowlanej i, jak mówił, musiał sobie wypić, bo miał stresującą pracę. Nie angażował się w sprawy domu, bo po powrocie był zawsze na lekkim rauszu. W weekendy, kiedy mógł pić bez ograniczeń, wszczynał awantury. Matka nie pracowała, teoretycznie zajmowała się domem i czworgiem dzieci, ale w praktyce izolowała się, uciekała w świat książek i pielęgnację dużego ogrodu. Była bezradna i miała skłonność do depresji.

Kasia była najstarsza z rodzeństwa, miała, w kolejności urodzenia, brata Pawła i dwie młodsze siostry, Dominikę i Lilę. W szkole Kasia bardzo dobrze się uczyła, zawsze była przewodniczącą klasy, a nauczyciele stawiali ją innym za wzór. Angażowała się w różne akcje, nigdy nie odmawiała pomocy. W domu opiekowała się rodzeństwem, próbując ukrywać problemy wychowawcze, które sprawiał Paweł, i usiłując wyręczać rodziców w opiece nad młodszymi siostrami. Nigdy nie narzekała. Mówiono o niej, że jest nad wiek poważna, i chwalono ją za odpowiedzialność. Po ukończeniu nauki w szkole wybrała studia pedagogiczne.

Z Pawłem właściwie od zawsze były kłopoty. W domu kłócił się ze wszystkimi, w szkole wdawał się w bójki z kolegami. W szkole podstawowej i gimnazjum, gdzie uczyła się też Kasia, nauczyciele często skarżyli się jej na Pawła, prosząc, by przekazała skargi rodzicom lub sama z nim porozmawiała. Rozmowy z rodzicami nie odnosiły skutku, a Kasi było wstyd za brata. Gdy zaczął notorycznie wagarować, szkoła wystąpiła o nadzór kuratorski. W tym samym czasie Paweł zaczął sięgać po alkohol.

Z Dominiką nie było kłopotów – właściwie jakby jej nie było. Spędzała dużo czasu sama w swoim pokoju, słuchała muzyki i pisała wiersze. W szkole nie odzywała się niepytana, niektórzy nauczyciele nawet nie znali jej głosu. Często bywała smutna, jakby nieobecna.

Najmłodsza Lila była taką rodzinną śmieszką. Tylko ona potrafiła udobruchać ojca, gdy krzyczał na matkę lub Pawła. Zawsze w krytycznej sytuacji umiała powiedzieć coś śmiesznego, co rozładowywało napięcie. W szkole tańczyła, śpiewała i występowała w kabarecie. Wydawało się, że ciężka atmosfera w domu jej nie dotyczyła.

Powyższy opis przedstawia dosyć zwyczajną rodzinę. Problem nadużywania alkoholu występuje nagminnie – nie bez powodu alkoholizm został uznany za chorobę społeczną. Jest on brzemienny w skutki dla wszystkich członków rodziny.

Zastanówmy się, czy potrzeby psychiczne dzieci wychowujących się w tej rodzinie były zaspokojone w wystarczającym stopniu. Odpowiedź brzmi: nie.

Na pewno nie czuły się bezpiecznie. Ojciec był nieprzewidywalny, nie wiadomo było, jak zareaguje. Stanowił raczej zagrożenie niż wsparcie. Matka sama potrzebowała pomocy i też nie była dla dzieci oparciem.

Czy dzieci czuły się akceptowane? Nie. Rodzice byli tak zajęci sami sobą, że zupełnie nie interesowali się kondycją psychiczną swoich pociech, które traktowali przedmiotowo: dzieci miały nie przeszkadzać, a najlepiej – pomagać. Dzieci nie były darzone nawet specjalnym zainteresowaniem, a tym mniej akceptacją. Nie doświadczyły też szacunku i uznania ze strony rodziców, więc i one nie darzyły rodziców takim uczuciem. W rezultacie nie czuły się kochane, a raczej zbędne, przeszkadzające.

Jakich emocji mogły doświadczyć? Co przeżywały? Ponieważ ich naturalne potrzeby psychiczne nie były zaspokajane, miały poczucie krzywdy, odczuwały żal, smutek, rozczarowanie, wstyd za rodziców, strach i głęboko skrywaną złość, która tylko u Pawła wychodziła z ukrycia w postaci buntu.

Każde z nich, żeby przetrwać, przyjęło określoną strategię obronną, oczywiście zupełnie nieświadomie. Rodzice nie realizowali swoich zadań, wobec czego dzieci musiały wziąć sprawę w swoje ręce i nieświadomie przyjąć pewne funkcje – dla dobra systemu rodzinnego. Miało to jednak poważne konsekwencje w ich życiu dorosłym.

Dziecko-bohater

Rolę dziecka-bohatera grała Kasia. Miała bardzo silne poczucie obowiązku i przyjęła na siebie ciężar odpowiedzialności za rodzinę. Jako najstarsze dziecko opiekowała się rodzeństwem, a nawet rodzicami. Ktoś przecież musiał to robić. Na zewnątrz była odbierana jako jednostka pozytywna, ale nikt tak naprawdę nie wiedział, co przeżywa. A ją przytłaczało poczucie odpowiedzialności i obawa, że nie sprosta, nie podoła. Miała do tego poczucie winy, że nie zdołała namówić ojca na wizytę w poradni leczenia uzależnień ani matki, by zaczęła leczyć swoją depresję. Nie mogła powstrzymać Pawła od kolejnych wybryków. Cieszyła się, że przynajmniej z Dominiką i Lilą nie było kłopotów.

Kasia była zła na siebie, że nie potrafi radzić sobie z problemami rodzinnymi. To nic, że w szkole była celującą uczennicą. W domu nie dawała już rady. Próbowała mieć wszystkich pod kontrolą, wszystkiego dopilnować – bezskutecznie.

Kasia tak naprawdę nigdy nie była beztroskim dzieckiem. Zawsze martwiła się o innych, pomagała, załatwiała różne sprawy. Cieszyło ją, gdy słyszała, że na nią zawsze można liczyć. Lubiła takie pochwały. Zdobywała akceptację rodziców przez realizację kolejnych zadań. Czuła się bezpiecznie, gdy miała wszystko pod kontrolą.

Jednak ciągłe napięcie, w którym żyła, dawało o sobie znać. Często bolała ją głowa, ściskało w żołądku, nierówno biło jej serce. Nie potrafiła już, tak jak inne koleżanki, iść beztrosko na koncert ulubionego zespołu czy pojechać na wycieczkę. W domu czekało przecież tyle obowiązków. Matka obrażała się lub płakała, jeśli Kasia po szkole nie wracała od razu do domu.

Kasia, choć była dzieckiem, odgrywała rolę dorosłego, pełniła funkcję rodzica swoich rodziców. Oczekiwała od siebie rzeczy niemożliwych i niemożność spełnienia tych oczekiwań ogromnie ją frustrowała. A przecież, jak każde inne dziecko, miała prawo do dzieciństwa i miała prawo się złościć. Jednak tę złość kierowała przeciwko sobie. Naruszano jej granice, jej terytorium, a ona nie mogła się obronić. Ulegała nieświadomej presji otoczenia.

W dorosłym życiu Kasia nadal może poświęcać się dla innych swoim kosztem, okupując to poczuciem krzywdy, niesprawiedliwości i niezrozumienia. Może być spięta i niespokojna, bo „co ludzie powiedzą?". Może poszukiwać akceptacji, spełniając oczekiwania innych, lub czuć się winna, gdy im odmówi. Trudno jej przyjąć postawę asertywną, często natomiast zachowuje się ulegle.

Kozioł ofiarny – czarna owca

W takiej roli funkcjonował Paweł. Był swego rodzaju przedstawicielem rodziny, ofiarą swojego systemu. Pokazywał na zewnątrz – zupełnie nieświadomie – to, co tak naprawdę działo się w domu.

Tak rozpaczliwie pragnął zainteresowania rodziców, że cieszył się, gdy dostawał burę. Niechby nawet byli na niego źli, ale zwrócili uwagę na jego osobę, zauważyli, że jest.

Paweł złościł się na wszystko i wszystkich, każdy drobiazg wyprowadzał go z równowagi. Był szczególnie wyczulony na przejawy niesprawiedliwości wobec siebie, co zdarzało się bardzo często. Stale reagował agresywnie, a kolejne kary wzmagały jego agresję. Nieświadomie też kierował złość przeciwko sobie – tak się jakoś działo, że ciągle wpadał w tarapaty i wagarował, mimo że zdawał sobie sprawę z konsekwencji.

Coraz częściej też zdarzało mu się poprawiać sobie humor piwem. Wprawdzie wiedział, że cierpi z powodu picia ojca, ale sam zaczął postępować podobnie. Najlepiej czuł się w gronie kolegów i z nimi spędzał najwięcej czasu, bo w domu nieustannie był krytykowany. Tak często słyszał negatywne uwagi o sobie, że uwierzył, iż jest bezwartościowy. Reagował agresywnie za każdym razem, gdy ktoś się go czepiał albo miał do niego pretensje.

Przełomową chwilą było przyznanie nadzoru kuratorskiego przez sąd. Za namową kuratora Paweł zaczął uczęszczać na spotkania młodzieżowej grupy psychoedukacyjno-terapeutycznej. Zrozumiał, że może odmienić swoje życie, zaczął budować poczucie własnej wartości, dbać o siebie. Jego agresywne reakcje zaczęły zmieniać się w kierunku asertywnych.

Dziecko we mgle

Według opinii ze szkoły Dominika zwykle nie sprawiała kłopotów wychowawczych. Trudno było napisać o niej coś więcej.

Tak naprawdę była wrażliwą dziewczyną, uzdolnioną artystycznie i literacko. Napięcie w domu tak bardzo ją przerażało, że uciekała do swojego pokoju, gdzie miała namiastkę spokoju. Pragnęła odciąć się od tego, co działo się dookoła i było zagrażające. Chciała schować się w mysią norę, by nie zwracano na nią uwagi. Jeśli ktoś próbował się nią zainteresować, czuła strach i wstyd. Czasem w szkole któryś z nauczycieli starał się zmobilizować ją do jakiegoś działania, ale wtedy reagowała wycofaniem. Najbardziej chciała, żeby nikt nie zwracał na nią uwagi. Zdarzało się, że w samotności płakała, chciała nie istnieć, miała myśli samobójcze.

Za namową Pawła ona też trafiła do grupy terapeutycznej, choć innej niż brat. Podobało się jej, że nie musi mówić, jeśli nie chce, że ma prawo odmówić, że nikt jej tam nie ocenia. Stopniowo zaczęła wychodzić ze swojej skorupy. Jej wycofana, uległa postawa również powoli zaczęła zmieniać się w kierunku asertywności.

Maskotka

Lila na pozór była bardzo wesołym dzieckiem, ale śmiechem reagowała także w chwilach stresu, niepewności, a nawet złości. Niczym barometr wyczuwała napięcia, które natychmiast próbowała rozładować jakimś żartem. W domu była zwykle blisko ojca – kontrolowała jego nastrój, by odpowiednio wcześniej zareagować i uniknąć burzy. Matki się bała – jej zmiennych nastrojów, łez, obrażania się. Wolała jej unikać. Ojca się nie bała, mimo jego pijaństwa, bo traktował ją najlepiej ze wszystkich dzieci. Wszyscy wiedzieli, że Lila jest córeczką tatusia.

Trudno jej było powiedzieć, co czuje, jakie emocje przeżywa. Wiele rzeczy ją śmieszyło, ale jej żarty były zabarwione dużą dawką ironii.

Akceptację otoczenia próbowała zdobyć poprzez błaznowanie, żartowanie. Przy tym istotnie przejawiała zdolności aktorskie, co zauważono w szkole, bo była gwiazdą szkolnego kabaretu.

Właściwie osiągała to, czego chciała, choć poprzez manipulację. Nie umiała natomiast odmawiać, trudno jej było znieść myśl, że ktoś mógłby się na nią obrazić albo że będzie mu przykro, gdy usłyszy, co ona naprawdę o tym myśli.

Wnioski

Mimo że problem alkoholowy występuje w wielu rodzinach, dzieci o tym nie wiedziały. Wyobrażały sobie, że wszyscy inni mają lepiej, dlatego nasilały się ich żal, poczucie krzywdy i niesprawiedliwości, zazdrość i złość. Czuły się gorsze niż inni, mniej wartościowe. Długotrwałe urazy wycisnęły na nich piętno.

Wieloletnia frustracja nie pozostała bez wpływu na ich funkcjonowanie w dorosłym życiu. Ich brak zaufania do świata, niska samoocena, ostrożność i podejrzliwość, poczucie krzywdy i winy utrwaliły się.

Do kogo była skierowana złość, strach i żal? Patrząc obiektywnie, należy powiedzieć, że to rodzice nie spełnili naturalnych, oczywistych oczekiwań swych pociech, nie dali im poczucia bezpieczeństwa, akceptacji, szacunku itd. Ale dzieci nie czuły złości czy żalu do rodziców. Nie pozwalał im na to nieświadomy mechanizm obronny: mechanizm ochrony rodziców.

Jak pisze Alice Miller w swojej książce *Pamięć wyzwolona*: „Dziecko, pozostawione przez społeczeństwo samemu sobie, nie ma innego wyjścia, jak wyprzeć uraz i wyidealizować sprawcę".

Dzieci nieświadomie chronią rodziców, by mieć złudzenie oparcia, korzeni, podstaw bezpieczeństwa. Są przecież częścią rodziców. Działanie tego mechanizmu doskonale widać u dzieci przebywających w domach dziecka. Uważają, że znalazły się tam albo z własnej winy (bo wagarowały, kradły, były niegrzeczne itp.), albo z powodu osób z zewnątrz (np. pracowników socjalnych). Prawie nigdy nie obarczają winą rodziców, którzy w ich opinii bardzo ich kochają.

Odczuwane przez te dzieci żal, ból, złość i poczucie krzywdy pogłębiają się i szukają ujścia. Wtedy przydatny okazuje się mechanizm przeniesienia, czyli przenoszenie emocji z ważnych dla nich osób (rodziców) na inne ważne osoby. Złość kierowana jest na zewnątrz: na nauczycieli, wychowawców, kolegów (jak w przypadku Pawła) lub do środka: na siebie (jak w przypadku Kasi czy Dominiki).

Dziecko nie umie pojąć, że zaniedbanie, odrzucenie emocjonalne czy okrucieństwo ze strony najbliższych może budzić jego złość czy gniew, nie jest więc w stanie złościć się na swoich rodziców.

Deprywacja potrzeb i emocjonalna izolacja budzą ogromne napięcie, którego nie sposób rozładować. W konsekwencji złość i agresja, zepchnięte do nieświadomości, mogą być kierowane przeciwko sobie i objawiać się np. złością na samego siebie, notorycznym poczuciem winy, neurotycznymi lękami bądź agresją.

Zamiana ról może nastąpić w każdej rodzinie, nawet zupełnie normalnej. Naturalne jest np., że gdy matka jest chora, córka przejmuje jej obowiązki, ale gdy matka wyzdrowieje, wszystko wraca do normy.

Kolejność urodzenia determinuje określone style funkcjonowania w rodzinie. Zupełnie odruchowo i nieświadomie rodzice mówią starszemu dziecku: „Jesteś starszy, ustąp młodszemu bratu", „Jesteś starsza, musisz być bardziej odpowiedzialna". Słysząc wielokrotnie takie i podobne uwagi, starsze dzieci zaczynają grać rolę dziecka-bohatera. Młodsze natomiast może nawet w dorosłości odznaczać się pewnego rodzaju niedojrzałością, powielać rolę młodszego braciszka czy siostrzyczki, żyjącego w cieniu starszego rodzeństwa.

Prawidłowość jest taka, że im silniejsza dysfunkcja w rodzinie, tym bardziej utrwalone są role.

BRAK ZASPOKOJENIA POTRZEB LUB TRAUMATYCZNE URAZY
we wczesnym okresie rozwojowym ze strony ważnych osób

↓

FRUSTRACJA
Naturalne oczekiwania nie zostały spełnione
(uczucia smutku, żalu, gniewu, złości, wstydu itd.)

↓

Mechanizm ochrony rodziców

↓

Mechanizm przeniesienia:
przeniesienie emocji z pierwszego, ważnego obiektu na inne ważne obiekty

↙ ↘

AGRESJA FRUSTRACYJNA | AUTOAGRESJA

Rys. 3.1. Przyczyny zachowań agresywnych i autodestrukcyjnych

Wszystkie osoby opisane w przykładzie z początku rozdziału mają problem z asertywnym reagowaniem. Ich wzorce funkcjonowania są bardzo mocno utrwalone, wobec czego teoretyczna znajomość technik zachowań asertywnych może nie wystarczyć, by móc je realizować w praktyce. Droga do zmiany nie jest łatwa, co trzeba jasno i uczciwie powiedzieć. Wymaga długotrwałej pracy, bo jeśli jakieś bodźce oddziaływały na człowieka przez wiele lat, to potrzeba czasu, aby ten proces odwrócić. Co więcej, taka osoba w paradoksalny sposób dąży do utrzymania objawu, nawet jeśli jest on destrukcyjny.

Podsumowanie

1. W przypadku dysfunkcji w rodzinie dzieci nieświadomie odgrywają role, które pozwalają na funkcjonowanie systemu rodzinnego.
2. Dzieje się to ogromnym kosztem emocjonalnym i społecznym członków rodziny, głównie dzieci.
3. Bryan E. Robinson wyróżnia cztery role: dziecko-bohater, kozioł ofiarny, maskotka, dziecko we mgle.
4. Dziecko-bohater przejmuje funkcję głowy rodziny. Odznacza się dużym poczuciem odpowiedzialności i obowiązku oraz wielkimi oczekiwaniami wobec siebie. Społecznie jest jednostką pozytywną, ale niemożność sprostania własnym oczekiwaniom, spowodowana odgrywaniem nie swojej roli, wywołuje u niego frustrację. Swoje bezpieczeństwo buduje poprzez realizację wyznaczonych sobie zadań.
5. Kozioł ofiarny, czy inaczej czarna owca, próbuje zwrócić na siebie uwagę buntem i agresją. Jest jakby przedstawicielem rodziny, bo swoim zachowaniem pokazuje, co dzieje się wewnątrz rodziny.
6. Maskotka łagodzi napięcia w rodzinie swoją wesołością, błaznowaniem. Może mieć trudność z uświadamianiem sobie swoich prawdziwych emocji, które wypiera.
7. Dziecko we mgle osiąga poczucie bezpieczeństwa poprzez izolowanie się. Chowa się we własnym świecie i wycofuje z kontaktów. Eksponowanie swojej osoby odbiera jako zagrażające.
8. Wszystkie te osoby charakteryzuje obniżona samoocena, poczucie krzywdy i niesprawiedliwości oraz silne poczucie winy, co zdecydowanie utrudnia możliwość asertywnego reagowania.
9. Do zamiany ról może dojść w każdej rodzinie, np. w wyniku jakiegoś kryzysu, choroby itp. Często można zaobserwować u dzieci określone cechy poszczególnych ról, występujące np. ze względu na kolejność urodzenia.
10. Im silniejsza dysfunkcja w rodzinie, tym bardziej utrwalone są role.

Rozdział 4

Asertywność w świetle analizy transakcyjnej

Z tego rozdziału dowiesz się:

- co to jest analiza transakcyjna i skrypty rodzinne;
- jakie są wzory ustosunkowań emocjonalnych wobec własnej osoby;
- jak się porozumiewamy z punktu widzenia analizy transakcyjnej.

Co to jest analiza transakcyjna?

Cytat

„Tę koncepcję zaburzeń i terapii sformułował Berne w latach 60. (...) W analizie transakcyjnej wyodrębnia się dwa główne źródła patologii. Pierwsza związana jest z istnieniem destrukcyjnych skryptów, które determinują wybory życiowe człowieka. Skrypt kształtuje się we wczesnym dzieciństwie w toku kontaktów z rodzicami. Rodzice komunikują się z dzieckiem, przekazują mu informacje, służące do zbudowania skryptu, czyli ogólnego przeświadczenia, dotyczącego tego, kim jestem, do czego powinienem w życiu zmierzać i jak je zakończyć, a także – kim są inni ludzie (...).

W dzieciństwie kształtują się również dominujące wzory ustosunkowań emocjonalnych wobec własnej osoby i wobec innych ludzi (...). „Dorosły", „Rodzic" i „Dziecko". (...) Wymienione stany ego są źródłem wszelkich aktywności człowieka, w tym m.in. komunikowania się z innymi ludźmi. Podstawowa jednostka komunikacyjna nazywana jest transakcją".

Lidia Grzesiuk *i* ***Urszula Jakubowska****, Psychoterapia. Szkoły, zjawiska, techniki i specyficzne problemy*

Skrypty rodzinne

Są to nieświadome przekazy, werbalne i niewerbalne, determinujące zachowania człowieka. Mogą to być skrypty kulturowe całych narodów, różnych grup społecznych i skrypty rodzinne. To swego rodzaju program na życie, jaki rodzice wpisują w swoje dziecko w procesie wychowawczym.

Być może wielokrotnie słyszałeś uwagi typu:

- „Nic dobrego z ciebie nie wyrośnie".
- „Wszyscy mężczyźni to dranie, chcą tylko wykorzystać kobietę".
- „Wszystkie kobiety są głupie".
- „Taki los..."
- „Widocznie na to zasłużyłam".
- „Skończysz marnie, jak twój ojciec (twoja matka)".

Albo może słyszałeś inne uwagi:

- „W naszej rodzinie był zawsze jakiś prawnik".
- „U nas na wigilijnym stole zawsze jest odpowiednia ilość potraw".
- „Śmiejesz się zupełnie jak matka" (z aprobatą).
- „Uczciwością i pracą ludzie się bogacą".

Skrypty warunkują postawy życiowe, mogą być destrukcyjne, nieproduktywne lub konstruktywne. Zawierają jakby wzory konkretnych działań, zapadają w nieświadomość w postaci przekonań, że tak jest, tak właśnie trzeba, tak wypada, tak musi być... Przekazywane są w postaci niuansów komunikacyjnych, pozytywnych lub destruktywnych, np.: „Zobaczysz! Jak nie będziesz się uczył, to nie zdasz!" albo: „Jak będziesz się dobrze uczył, to zdasz z wyróżnieniem".

W obu komunikatach chodzi mniej więcej o to samo, ale pierwszy z nich straszy, jest negatywny, drugi natomiast zachęca do nauki.

Według Muriel James i Dorothy Jongeward (*Narodzić się, by wygrać*) skrypty rodzinne decydują o tym, czy w życiu będziemy odgrywać rolę przegranych, czy wygrywających.

W okresie dzieciństwa, w toku relacji z rodzicami, kształtują się też wzory emocjonalnych postaw wobec siebie i innych ludzi, czyli pozycje interpersonalne.

Pozycje interpersonalne

Pozycje interpersonalne, czyli wzajemne stosunki pomiędzy nami a innymi osobami, można pogrupować w następujący sposób:

Ja jestem OK	———	Ty jesteś OK
Ja nie jestem OK	———	Ty jesteś OK
Ja jestem OK	———	Ty nie jesteś OK
Ja nie jestem OK	———	Ty nie jesteś OK

Pierwsza pozycja, „Ja jestem OK – ty jesteś OK", pokazuje zdrową akceptację siebie i innych. Osoby te mają właściwą samoocenę, lubią siebie i ludzi. Dają sobie i otoczeniu prawo do własnych granic i autonomii, respektują potrzeby, potrafią konstruktywnie rozwiązywać problemy życiowe. Ich funkcjonowanie jest w naturalny sposób asertywne.

Druga pozycja, „Ja nie jestem OK – ty jesteś OK", dotyczy osób, które odbierają siebie jako kogoś gorszego od innych. Tacy ludzie mogą pogrążać się w smutku i depresji, niekiedy zachowują się agresywnie wobec samych siebie, mają też skłonność do zachowań uległych lub bierno-agresywnych.

Pozycja trzecia, „Ja jestem OK – ty nie jesteś OK", charakteryzuje osoby, które odbierają siebie jako kogoś lepszego od innych, a przy tym wchodzą w rolę prześladowanej ofiary, choć same też sprawiają cierpienie. Innych uważają za gorszych od siebie. Mają tendencje do zachowań agresywnych, jawnych bądź ukrytych.

Czwarta pozycja, „Ja nie jestem OK – ty nie jesteś OK", charakteryzuje osoby, które odmawiają wartości zarówno sobie, jak i otoczeniu, i uważają, że życie nie ma sensu. To osoby, które utraciły radość życia, a w ich zachowaniach przejawiają się niekiedy cechy schizoidalne.

Osoby funkcjonujące zgodnie z pierwszym schematem („Ja jestem OK – ty jesteś OK") można zaliczyć do kategorii osób bez wątpienia asertywnych, wygrywających, oczywiście w rozumieniu zachowań asertywnych, gdzie wszyscy są zwycięzcami.

Pozostałe pozycje to „przegrywający", prezentujący zachowania uległe bądź agresywne.

Oczywiście, nawet wygrywający doświadczają niekiedy uczuć charakterystycznych dla pozostałych pozycji, podobnie jak osoba o obniżonej samoocenie może czasem poczuć się lepiej.

Stany ego w analizie transakcyjnej

Zgodnie z analizą transakcyjną każdy dorosły przejawia trzy stany „ja", inaczej zwane stanami ego: „Ja Rodzic", „Ja Dorosły" i „Ja Dziecko". Są to trzy części naszej osobowości, uformowane w toku wczesnodziecięcych relacji z najważniejszymi osobami w wyniku werbalnych i niewerbalnych przekazów, komunikatów i sygnałów.

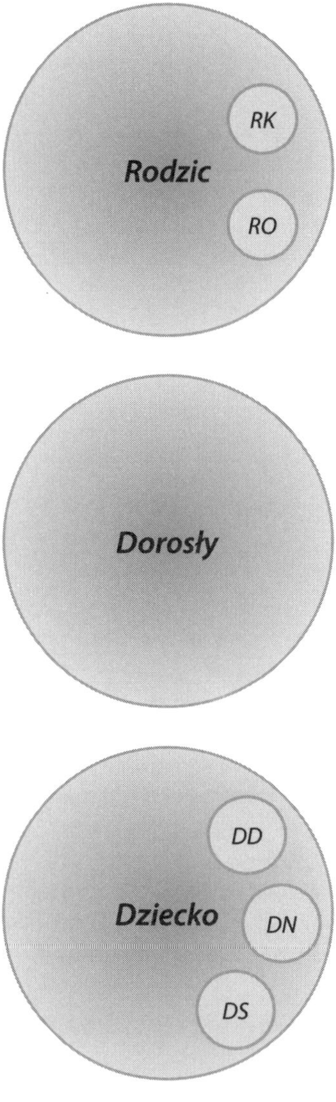

Stan Ja Rodzic
RK – Rodzic Karcący
RO – Rodzic Opiekuńczy
(Rodzic Naturalny)

Stan Ja Dorosły

Stan Ja Dziecko
DD – Dziecko Dostosowane
DN – Dziecko Naturalne
DS – Dziecko Spontaniczne

Rys. 4.1. Stany ego według analizy transakcyjnej

Ja Rodzic

Stan „Ja Rodzic", czyli nasz Wewnętrzny Rodzic, może występować w postaci bądź Rodzica Krytycznego (lub Karcącego), bądź Rodzica Opiekuńczego. Reakcje ze stanu Wewnętrznego Rodzica mogą mieć miejsce w relacjach z innymi osobami oraz ze sobą samym.

Rodzic Karcący to, jak wskazuje nazwa, nasz wewnętrzny głos krytyczny, negatywnie oceniający zachowania zarówno nas samych, jak i otoczenia. Przykładowe uwagi krytyczne formułowane przez Rodzica Karcącego to:

- „Ale ja jestem głupia, znowu czegoś nie zrozumiałam".
- „Jak możesz tak robić, to nie wypada".
- „Popatrz, jak ona się ubrała, to niestosowne".
- „On jest nieposłuszny i nieodpowiedzialny".
- „Jestem do niczego".
- „Nie odpocznę teraz, to byłoby marnowanie czasu".

Rodzic Opiekuńczy natomiast przejawia się w komunikatach typu:

- „Odpocznij sobie, kochanie, jesteś bardzo zmęczona".
- „Nie martw się, pomogę ci".
- „Każdemu może się zdarzyć, że popełni błąd".

Reakcje „Ja Rodzica" to pojawiające się w naszych myślach słowa (krytyczne lub wspierające), które gdzieś i kiedyś słyszeliśmy w stosunku do siebie – a teraz reagujemy podobnie.

Nasz Wewnętrzny Rodzic skupia przekazy wielu pokoleń, nieświadomie przez nas przejęte wraz ze sposobami reagowania na nasze zachowanie i traktowania nas w dzieciństwie.

Dosyć powszechnym zjawiskiem jest np. brak wewnętrznej zgody na odpoczynek, bo to „lenistwo", „marnowanie czasu" itp. Zapominamy, że potrzebujemy relaksu, musimy „naładować akumulatory", i jakiś wewnętrzny przymus nie pozwala nam na chwilę przyjemności bez poczucia winy, bo wewnętrzny krytyk mówi: „najpierw obowiązek – potem przyjemność". Jeśli tych obowiązków jest zbyt wiele, organizm domaga się odpoczynku, zapadając na jakąś chorobę, oczywiście nieświadomie. Wtedy można jawnie i bez poczucia winy odpocząć, bo przecież „tak mnie głowa boli...".

Jeśli dziecko słyszało tego rodzaju słowa i widziało takie zachowania rodziców, nieświadomie może „przyjąć je za swoje" i tak samo funkcjonować w dorosłym życiu.

Rodzic Opiekuńczy, zwany inaczej Rodzicem Naturalnym, też wyraża zakazy i nakazy, wyznacza granice i egzekwuje ich respektowanie, ale bez poniżania, krytykowania i wzbudzania poczucia winy, za to z szacunkiem i zrozumieniem dla granic dziecka.

Zapamiętaj

Wszystkie stany „ja" są potrzebne i pełnią określoną funkcję, ale – podobnie jak w innych dziedzinach życia – wskazana jest równowaga. Wewnętrzny Rodzic jest potrzebny jako swoisty hamulec, sumienie, często natomiast bywa tak, że dominuje.

Przykładowo u Kasi – dziecka-bohatera z poprzedniego rozdziału – zdecydowanie przeważa stan Rodzica przy niedostatecznie rozwiniętym stanie Dziecka.

Ja Dziecko

Stan Wewnętrznego Dziecka to swego rodzaju zapis lub odbicie naszych dziecięcych doświadczeń. Dzieli się na trzy kategorie: Dziecko Spontaniczne (Zbuntowane), Mały Profesor (czyli Dziecko Naturalne) i Dziecko Dostosowane.

Dziecko Spontaniczne to nasze momenty spontaniczne, niezdyscyplinowane, uczuciowe, bez wewnętrznej cenzury, swobodne, radosne, ale też egoistyczne, agresywne, bojaźliwe. Czyli takie reakcje, jakie spotykamy u małego dziecka.

Dziecko Naturalne jest twórcze i pomysłowe. Intuicyjnie odbiera niewerbalne przekazy i potrafi tę intuicję wykorzystać, jak dziecko, które odczytuje emocje z twarzy czy postawy ciała mamy i wie, jak na nie reagować. Jest zdolne do oryginalnej twórczości i swobodne, bez lęku i poczucia winy.

Dziecko Dostosowane dostosowuje się do oczekiwań rodziców, ale często wbrew sobie, np. z obawy przed utratą akceptacji, czyli przed odrzuceniem. Czuje się winne, gdy nie spełnia oczekiwań. Ale też – tak jak dziecko – może mieć pretensje do otoczenia i obwiniać innych, gdy coś mu się nie udaje, w ten sposób wyrażając tłumioną złość.

Dziecko Dostosowane to jakby odpowiednik stanu „Ja Rodzic", głównie Rodzic Karcący. Dziecko Spontaniczne to takie „dziecko w dziecku". Natomiast Dziecko Naturalne to odpowiednik Wewnętrznego Dorosłego. Tę zależność ilustruje schemat poniżej.

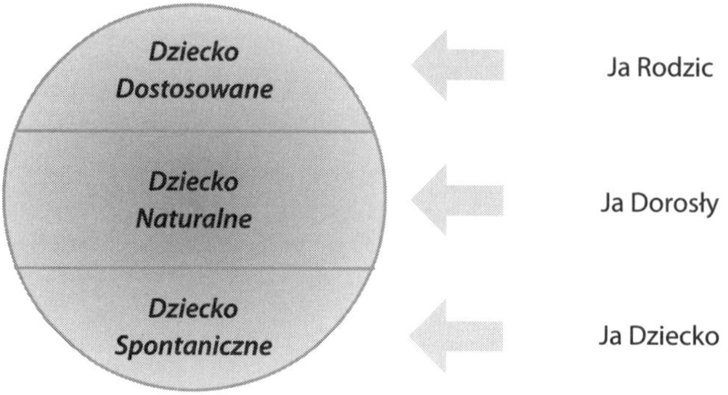

Rys. 4.2. Zależność trzech podrzędnych stanów „Ja Dziecko" od pozostałych stanów ego

Wracając do przykładu Kasi, zdecydowanie brakowało jej Wewnętrznego Dziecka Naturalnego i Dziecka Spontanicznego, za to zbyt często była Dzieckiem Dostosowanym. W jej przypadku wskazane byłoby uruchomienie tego stanu, czyli pozwolenie sobie na większy luz i swobodę, na odrobinę dziecięcego egoizmu (patrz rozdział 6).

Ja Dorosły

Dorosły zbiera informacje, analizuje bodźce, podejmuje decyzje, wyciąga wnioski. Jest wolny od przesądów, realistyczny, obiektywny. W przypadku trudności poszukuje rozwiązań i nowych możliwości.

W każdym z nas występują te trzy stany ego, ale w różnych proporcjach lub, mówiąc inaczej, z różnymi granicami. Niektórzy mogą mieć zbyt słabe granice, inni zbyt sztywne.

Zbyt słabe granice pomiędzy tymi stanami powodują nieprzewidywalne i nieracjonalne reakcje. Z kolei zbyt sztywne granice sprawiają, że takie osoby zachowują się zawsze jak Rodzic, zawsze jak Dorosły lub zawsze jak Dziecko. W naturalny sposób możemy reagować z różnych stanów.

Ćwiczenie

Przyjrzyj się tabeli poniżej i zastanów się, z jakich stanów ego płyną komunikaty asertywne, agresywne lub uległe. Wypisz, z jakich stanów ego ty najczęściej reagujesz.

Stany „ja" i płynące z nich komunikaty	
ASERTYWNE	Z pozycji Dorosłego: › gdy jasno wyrażamy oczekiwania; › gdy ze spokojem odmawiamy; › gdy innym dajemy prawo do odmowy; › .... ; › .... ; › .... Z pozycji Dziecka Naturalnego: › gdy przyjmujemy pochwały; › gdy potrafimy wyrażać pochwały; › .... ; › .... ; › ....
AGRESYWNE	Z pozycji Rodzica Karcącego: › gdy kogoś karcimy, ironizujemy; › .... ; › .... ; › .... Z pozycji Dziecka Spontanicznego: › gdy wybuchamy gniewem; › .... ; › .... ; › .... Z pozycji Dziecka Dostosowanego: › gdy obrażamy się, mamy pretensje; › .... ; › .... ; › ....

ULEGŁE	Z pozycji Rodzica Karcącego: › gdy reagujemy poczuciem winy; › ....; › ....; › .... Z pozycji Dziecka Dostosowanego: › gdy spełniamy czyjeś oczekiwania wbrew sobie; › ....; › ....; › ....

Komunikacja według analizy transakcyjnej

Z punktu widzenia analizy transakcyjnej wszelką wymianę kontaktów między ludźmi nazywamy transakcjami. Wyróżniamy transakcje komplementarne i skrzyżowane.

Transakcja komplementarna powstaje wtedy, gdy reakcja rozmówcy jest taka, jakiej oczekujemy, jakiej się spodziewamy. Wtedy czujemy, że nas zrozumiano. Transakcje mogą się odbywać z dowolnych stanów ego, np.:

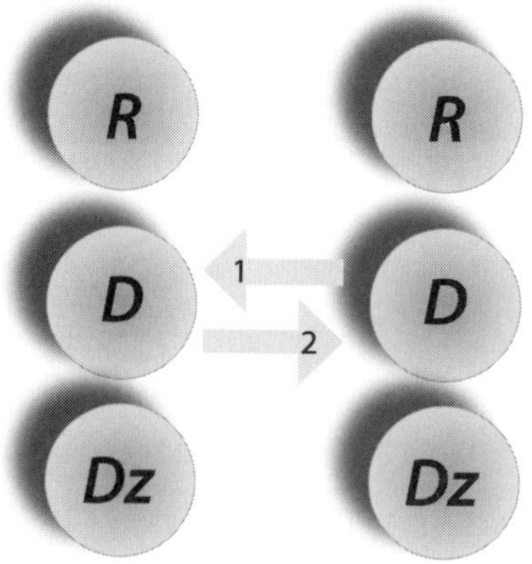

1. Czy wiesz, jaką pogodę na jutro zapowiadano?
2. Nie wiem, nie słucham wiadomości.

Rys. 4.3. Przykład transakcji komplementarnej

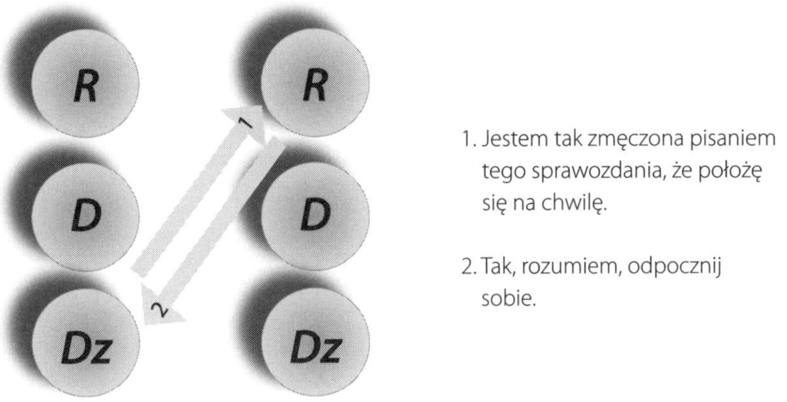

Rys. 4.4. Przykład transakcji komplementarnej

Transakcja skrzyżowana występuje wtedy, gdy reakcja na oczekiwany sygnał jest nieoczekiwana. Czujemy się wtedy zaskoczeni, zdezorientowani, niezrozumiani. Transakcje skrzyżowane stanowią przyczynę konfliktów i nieporozumień.

Powtórzmy przykłady transakcji komplementarnych z zamianą na skrzyżowane.

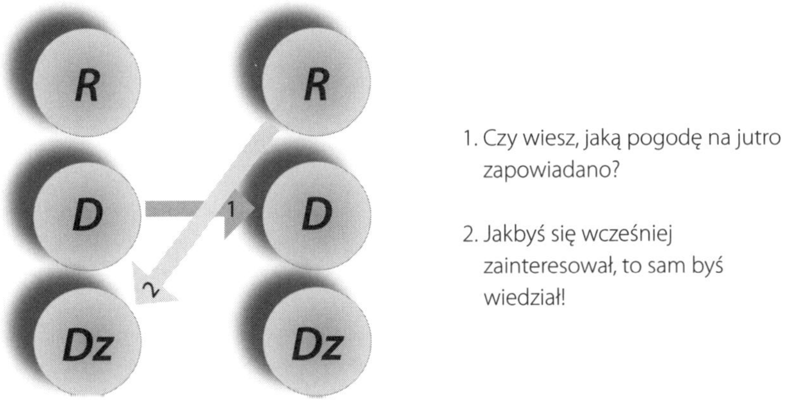

Rys. 4.5. Transakcja skrzyżowana

Pierwsza osoba pyta o pogodę i otrzymuje nieoczekiwaną odpowiedź rozmówcy, płynącą z jego stanu Rodzica Karcącego. Taka rekcja wywołuje zaskoczenie, niezrozumienie i złość, powodując np. chęć zerwania kontaktu.

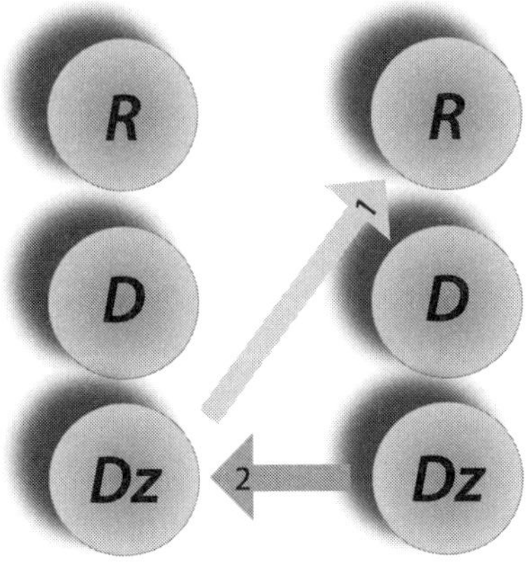

1. Jestem tak zmęczona pisaniem tego sprawozdania, że położę się na chwilę.

2. A ja? Co ja mam powiedzieć? Wstaję rano, idę do pracy i mam nie być zmęczona?

Rys. 4.6. Transakcja skrzyżowana

Pierwsza osoba oczekuje zrozumienia, a w odpowiedzi otrzymuje coś w rodzaju rywalizacji o to, kto jest bardziej zmęczony. U pierwszej osoby mogą pojawić się emocje podobne do tych z poprzedniego przykładu.

W analizie transakcyjnej występują także transakcje ukryte, z podtekstami, poruszające więcej niż jeden stan ego. Na przekaz w transakcjach wpływa także ton głosu, wyraz twarzy, postawa ciała, czyli cała gama sygnałów niewerbalnych.

Transakcje komplementarne są komunikatami asertywnymi. Transakcje skrzyżowane i ukryte można zaliczyć do komunikatów nieasertywnych.

Skrypty rodzinne, wszelkie doświadczenia wczesnodziecięce, relacje z ważnymi osobami itp. warunkują nasze późniejsze wyobrażenia na nasz temat, sposoby reagowania i przeżywania emocji.

Zdarza się czasem, że nie jesteśmy sobą, że nakładamy maski, odgrywamy rolę kogoś innego, niż jesteśmy w rzeczywistości – bo po prostu siebie nie akceptujemy. Przyczyna takiego stanu rzeczy może być dwojaka: albo doszliśmy do wniosku, że inni też nas nie akceptują, albo nie znamy swoich prawdziwych możliwości.

Czy chcesz zmienić taki stan rzeczy i spróbować zaakceptować siebie, zadbać o swoje Wewnętrzne Dziecko i nauczyć się, jak radzić sobie z nazbyt surowym wewnętrznym krytykiem? Jest to możliwe, najważniejsze, byś podjął taką decyzję. Choć może to być zadanie trudne i wymagać pomocy z zewnątrz (jak w przypadku orła w kurniku, o czym przeczytasz niżej).

Cytat

Parabola orła (cyt. za: Muriel James, Dorothy Jongeward, *Narodzić się, by wygrać,* Poznań 1994, s. 136)

„Pewnego razu spacerujący po lesie mężczyzna znalazł młodego orła. Zabrał go do domu i umieścił na gospodarskim podwórzu razem z kurczakami, wśród których ptak szybko nauczył się dziobać ziarno i zachowywać jak one.

Pewnego dnia przejeżdżający tamtędy przyrodnik zauważył niecodzienny widok i zapytał gospodarza, jak to jest możliwe, żeby królewski ptak, jakim jest orzeł, żył zamknięty w kurniku z ptactwem domowym. «Karmiłem go tak samo jak kurczaki i chowałem jak kurczaki, więc nigdy nie nauczył się latać. Zachowuje się zupełnie jak one, nie jest już orłem» – odrzekł zapytany. «A jednak – nalegał przyrodnik – on ma serce orła, więc z pewnością mógłby latać».

Po długiej dyskusji mężczyźni uzgodnili, że sprawdzą, czy to jest możliwe. Przyrodnik wziął łagodnie w ramiona orła i rzekł do niego: «Należysz do nieba, a nie do ziemi. Rozłóż skrzydła i leć».

Orzeł był niespokojny, niepewny swej natury, wahał się i widząc kurczęta dziobiące ziarno, dołączył do nich.

Następnego dnia przyrodnik, nie tracąc wiary, zabrał orła na dach i zachęcał go ponownie: «Jesteś orłem, rozłóż skrzydła i leć». Ale orzeł bał się zarówno własnej, nieznanej mu tożsamości, jak i świata, więc i tym razem powrócił do kurcząt.

Trzeciego dnia przyrodnik wstał bardzo wcześnie i tym razem zaniósł orła w wysokie góry. Uniósł królewskiego ptaka wysoko ponad głowę i kolejny raz zaczął go zachęcać, mówiąc: «Jesteś orłem, należysz tak samo do ziemi, jak i do nieba. A teraz rozłóż skrzydła i leć».

Orzeł rozejrzał się dookoła, spojrzał w kierunku domu, a potem wysoko w niebo, lecz nadal nie ruszył się z miejsca. Przyrodnik uniósł go ku niebu. Wtedy ptak, drżąc cały, powoli zaczął rozkładać skrzydła. I w końcu z okrzykiem triumfu wzniósł się w powietrze.

Być może dziś z nostalgią wspomina czasem kurczęta, może czasem odwiedza stare podwórko. Ale, o ile wiadomo, nigdy nie wrócił do życia na podwórku. Był przecież orłem, mimo że został oswojony jak kurczak".

Ty też możesz stać się orłem, odkryć własną tożsamość i rozwinąć skrzydła.

Podsumowanie

1. Źródłem wielu utrudnień w funkcjonowaniu człowieka (w tym np. trudności w asertywnym reagowaniu) jest istnienie destrukcyjnych skryptów, czyli uwarunkowań społecznych, kulturowych bądź rodzinnych, ukształtowanych na podstawie przekazów otoczenia.
2. Nasz model odbioru siebie i innych również powstaje w wyniku doświadczeń z dzieciństwa.
3. Reakcje asertywne w naturalny sposób wynikają z pozycji „Ja jestem OK – ty jesteś OK".
4. Pozostałe pozycje warunkują zachowania nieasertywne, agresywne lub uległe.
5. Wyróżniamy trzy stany ego: „Ja Rodzic", „Ja Dorosły" i „Ja Dziecko", ukształtowane w wyniku przeżyć i doświadczeń wczesnodziecięcych.
6. Wewnętrzny Rodzic przejawia się w postaci Rodzica Karcącego i Rodzica Opiekuńczego (Naturalnego). Pokazuje postawy rodzicielskie i przekazy od rodziców.
7. Stan Wewnętrznego Dziecka dzieli się na trzy kategorie: Dziecka Spontanicznego (Zbuntowanego), Małego Profesora (czyli Dziecka Naturalnego) i Dziecka Dostosowanego. Jest odbiciem przeżyć i zachowań z perspektywy dziecka.
8. Wewnętrzny Dorosły jest realistyczny i obiektywny, logicznie ocenia sytuację i wyciąga wnioski. Potrafi kontrolować emocje i warunkuje relacje asertywnie.
9. Transakcje to wszelkie wymiany komunikatów między ludźmi, płynące z różnych stanów ego. Transakcje mogą być komplementarne, skrzyżowane bądź ukryte.
10. Z punktu widzenia zachowań asertywnych najbardziej skuteczne i pożądane są transakcje komplementarne.
11. W procesie własnego rozwoju osobistego można zmienić wpływ destrukcyjnego skryptu, budować asertywny odbiór siebie i innych oraz porozumiewać się poprzez transakcje komplementarne.

Część druga

Droga do zmiany

Z tej części dowiesz się:

- jaki wpływ na asertywne reagowanie ma poczucie własnej wartości i jak je budować;
- jak skutecznie wyznaczać własne granice i szanować terytorium innych;
- jak asertywnie wyrażać własne emocje, myśli, oczekiwania i jak przyjmować informacje od innych.

Rozdział 5

Adekwatna samoocena, czyli poczucie własnej wartości

Z tego rozdziału dowiesz się:

- jakie mogą być źródła twojego wyobrażenia o sobie;
- jak budować poczucie własnej wartości;
- jaki jest związek pomiędzy adekwatną samooceną a asertywnym reagowaniem.

Skąd wiesz, jaki jesteś?

Samoocena – to ocenianie samego siebie. Samoocena może być wysoka, niska lub adekwatna, czyli odpowiednia, zgodna z rzeczywistością. Najkorzystniejsza jest samoocena adekwatna, tzn. świadomość swoich zasobów, predyspozycji, wartości, ale też – ograniczeń i słabszych stron, połączona z akceptacją i zrozumieniem tych ograniczeń.

Obniżona samoocena, czyli poczucie małej wartości, jest dużą przeszkodą w pełnym, zdrowym i świadomym funkcjonowaniu.

Komuś, kto czuje się gorszy od innych, trudno jest:

- zaprotestować, gdy inni naruszają jego granice;
- poprosić o coś, bo uważa, że „mu się nie należy";
- odmówić, gdy inni czegoś od niego oczekują;
- pozwolić sobie na coś, czego chciałby, ale sądzi, iż „nie zasługuje";
- wyrazić swoje prawdziwe uczucia.

Nasze wyobrażenia o sobie mogą zdecydowanie różnić się od tego, jak postrzegają nas inni. Przykładowo dziewczyna cierpiąca na zaburzenia odżywiania, takie jak anoreksja czy bulimia, widzi i odbiera siebie jako „zbyt grubą", choć w rzeczywistości może być bardzo chuda.

Wyobrażenia o sobie budujemy głównie na podstawie przekazów otoczenia. Małe dziecko nie zastanawia się nad tym, jakie jest. Nieustannie słyszy jednak oceny typu: „Ale jesteś niezdara, przewróciłeś się!" albo: „Popatrz, Kasia to grzeczna dziewczynka, a ty?".

Szczególnie istotna jest ocena osób ważnych dla dziecka, rodziców, opiekunów, nauczycieli. Wyobrażenie o sobie jest ściśle powiązane z potrzebą akceptacji zewnętrznej, czyli akceptowaniem przez otoczenie. Jeśli dziecko nie czuje się akceptowane, doceniane, wyobraża sobie, że jest gorsze od innych. Podobny skutek wywołuje sytuacja, gdy dziecko nie czuje się rozumiane: „Oni mnie nie rozumieją – jestem inny, gorszy, mniej wartościowy".

Trudności nasilają się w wieku młodzieńczym, czyli w okresie dojrzewania. Młody człowiek jest nastawiony szczególnie krytycznie wobec siebie. Poszukuje akceptacji nie tylko ze strony osób bliskich, lecz także – a nawet przede wszystkim – grupy rówieśniczej. Porównując się do innych, zwykle w swoich wyobrażeniach jest od nich gorszy, niezależnie od stanu faktycznego.

Sytuację pogarsza fakt nasilonych w tym okresie konfliktów z rodzicami, którzy zniecierpliwieni huśtawką emocjonalną nastolatka nie poświęcają zbyt wiele uwagi budowaniu jego samooceny. Używają natomiast w swojej bezsilności komunikatów umniejszających, jak np. porównywania: „Zobacz, Janek to taki mądry chłopiec, wygrał już trzy olimpiady, a ty co? Weź z niego przykład". Mówiąc to, oczekują, że syn będzie chciał dorównać Jankowi, ale skutek jest odwrotny do zamierzonego. Syn czuje się gorszy i szczerze nienawidzi Janka. Podobne zjawisko występuje, gdy nauczyciele stawiają jakiegoś ucznia za wzór innym.

Osoby dorosłe mają utrwalone nawyki myślenia o sobie przez pryzmat wcześniejszych doświadczeń. Jeśli osoby te mają poczucie małej wartości, to trudno jest im zdobyć się na asertywne reakcje.

„Samochwała w kącie stała" – mity i stereotypy

Choć od jakiegoś czasu rodzice i wychowawcy rozumieją potrzebę wyrażania akceptacji wobec dziecka, to nadal pokutuje wiele nieprawdziwych przekonań na ten temat. Istnieje swoisty łańcuch przyczynowo-skutkowy, polegający na tym, że rodzic, którego w dzieciństwie krytykowano, będzie nieświadomie krytycznie wychowywał swoje dziecko. Taką zależność można przerwać – wraz ze wzrostem świadomości siebie i swoich reakcji może się pojawić chęć zmiany: „ja mogę inaczej".

„Za co mam go chwalić? – może zapytać rodzic. – Źle się uczy, tylko siedzi w pokoju i gra na komputerze albo słucha muzyki, nie przyjdzie, nie porozmawia, odludek jakiś".

Zapamiętaj

Akceptacja nie musi być „za coś" (patrz rozdział 1). Akceptując dziecko tak po prostu, bezwarunkowo, pozwalasz, aby zaakceptowało samo siebie.

Jest to jednak obwarowane wieloma ograniczeniami. Pokutują w nas przekonania, które utrudniają nam proces akceptacji siebie i innych. Są to przekazy z przeszłości, które przyjęliśmy za normę i uznaliśmy za swoje, nawet o tym nie wiedząc.

Nasuwa się pytanie, czy można coś z tym zrobić. Czy można poczuć się pewniej, polubić siebie i przestać porównywać się z innymi? Odpowiedź brzmi: tak. Natomiast trzeba mieć świadomość, że nie jest to proces ani szybki, ani prosty.

Zmiana myślenia o sobie i nawyków przeżywania to trudne zadanie. Na początek warto zidentyfikować „zmory przeszłości" i rozpoznać, skąd się wzięło takie właśnie postrzeganie siebie.

Następnie należy przeciwstawić się wewnętrznemu krytykowi i pozwolić sobie na wypracowanie własnego zdania na swój temat. Warto dać sobie czas.

Ćwiczenie

Zastanów się, jakie uwagi i stereotypy na temat siebie słyszałeś w dzieciństwie i młodości. Uzupełnij podane przykłady własnymi propozycjami, np.:

- Samochwała w kącie stała.
- Chwalipięta.
- Dzieci i ryby głosu nie mają.
- Stój w kącie, znajdą cię.
- Żeby ci się przypadkiem w głowie nie przewróciło.
- Woda sodowa ci do głowy uderza.
- Nie wypada się przechwalać.
- ....
- ....
- ....

To są bardzo silne przekonania, utrwalone w nieświadomości. Teraz wiemy już, że działały one destrukcyjnie na budowanie adekwatnej samooceny, ale niegdyś pożądaną normą była tzw. skromność, niemająca nic wspólnego z pewnością siebie.

Nasz Wewnętrzny Rodzic Krytyczny (patrz podrozdział *Ja Rodzic*) skutecznie uniemożliwia nam pozytywne myślenie na swój temat, co utrudnia też wyrażanie dodatnich opinii o innych.

Co o mnie pomyślą? – lęk przed oceną innych

Lęk przed oceną innych jest powszechny. Odczuwają go, w mniejszym lub większym stopniu, niemal wszyscy.

Obawiamy się tego, jak odbiorą nas znajomi, szef, koledzy z pracy, rodzina. W skrajnych przypadkach zastanawiamy się, idąc ulicą, co myślą o nas ludzie przechodzący obok. Nawet kiedy jesteśmy sami, jesteśmy spięci, gotowi do konfrontacji.

Konfrontacja z kolei prowokuje postawę obronno-agresywną, wywołaną strachem, że ktoś dopatruje się w nas złych intencji, czyli czepia się, i na wszelki wypadek reagujemy agresywnie. Wyobrażamy sobie, że ktoś może mieć do nas pretensje, czyli źle o nas myśli, a więc ocenia nas negatywnie.

Tak naprawdę są to wyobrażenia w naszej głowie, nie do końca realne. W okresie dojrzewania w myśleniu nastolatka pojawia się zjawisko „wyobrażonej publiczności". Idąc np. korytarzem szkolnym, wyobraża sobie, że wszyscy na niego patrzą, szepczą na jego temat po kątach, oczywiście krytycznie. Jeśli się śmieją, to pewnie z niego. Wraz z dorastaniem zjawisko to stopniowo zanika, bywa jednak, że pozostaje.

Przykład

Barbara była świetną uczennicą w szkole podstawowej, gimnazjum, liceum i na prestiżowych studiach. W domu była najmłodszą córką, miała dwóch starszych braci. Miała poczucie, że – przynajmniej do końca studiów – spełniała oczekiwania rodziny. Pod koniec studiów zaczęła mieć problemy ze zdrowiem, szczególnie przed egzaminami, w sytuacjach stresowych.

Pracę magisterską obroniła celująco, ale resztkami sił. Przerażała ją perspektywa pójścia do pracy, która w jej przypadku wymagała kontaktów z ludźmi. Pracę wprawdzie podjęła, ale nasiliły się jej problemy ze zdrowiem. Codziennie umierała ze strachu, jak ją odbiorą ludzie. Może pomyślą, że jest mało kompetentna? Czy będzie w stanie spełnić ich oczekiwania?

Trochę czasu minęło, zanim zrozumiała, że ludzie, którzy do niej przychodzą, są skoncentrowani na sobie i swoich sprawach, a nie na tym, jak ona wygląda czy jak wypadnie. Przychodzili załatwić swoje sprawy, i tyle. A ona była dla nich ważnym autorytetem.

W przypadku lęku przed oceną główną rolę odgrywają przekazy, jakie słyszeliśmy w dzieciństwie, np.: „Zobacz, będą się z ciebie śmiali...”; „No, cioci Basi to się na pewno nie spodoba...”.

Tak naprawdę nie masz wpływu na to, co ktoś sobie o tobie pomyśli, bo każdy odbiera świat na swój sposób. Osoba z gruntu życzliwa nie będzie nikogo oceniać krytycznie, z kolei osoba krytyczna przeciwnie – wszystko może oceniać ujemnie i ganić. Jeśli więc nie masz na to wpływu, to nie ma potrzeby zawracać sobie tym głowy.

Trudno jest do końca pozbyć się obawy, jak inni nas odbiorą. Jesteśmy istotami społecznymi: żyjemy w określonej społeczności, rodzinie, grupie znajomych, grupie zawodowej. Ważne jest, by opinia innych nie była dla nas paraliżująca ani zagrażająca, choć niekiedy warto brać ją pod uwagę.

Zapamiętaj

Opinia innych na twój temat nie jest oceną. Ocena jest osądem, natomiast opinia jest wyrażeniem własnego zdania, które każdy może mieć inne. Jeśli dasz innym prawo do tego, by mieli dowolną opinię (nawet na twój temat), to przestanie to być dla ciebie zagrażające. Wtedy również dasz sobie prawo do własnej opinii na swój temat.

Prawo do niedoskonałości a oczekiwania wobec siebie

Poczucie własnej wartości jest ściśle związane z oczekiwaniami wobec siebie. Jeśli ustawisz sobie poprzeczkę bardzo wysoko, nie doceniając realizacji celów pośrednich, będziesz miał poczucie niskiej wartości. Jeśli do tego masz syndrom dziecka-bohatera (podrozdział *Dziecko-bohater*), to jest bardzo prawdopodobne, że nie będziesz zadowolony z własnych osiągnięć.

Mogą przyczyniać się do tego ugruntowane w dzieciństwie przekonania, wpojone przez krytyczne uwagi rodziców, typu: „Dlaczego piątka z plusem, a nie szóstka?”. Taki komunikat z jednej strony budzi złość i poczucie niesprawiedliwości, ale z drugiej – zapada w nieświadomość: „Jestem gorszy, niż oczekują”.

Poczucie własnej niekompetencji jest ściśle powiązane z akceptacją warunkową (patrz rozdział 1). Wyobrażasz sobie, że będziesz akceptowany wtedy, gdy spełnisz jakieś warunki, np. zwyciężysz w rywalizacji, dostosujesz się do wymagań, odniesiesz sukces. W przeciwnym razie akceptacji nie otrzymasz, czyli zostaniesz odrzucony. Ta straszna perspektywa zmusza cię do ciągłego zwiększania oczekiwań wobec siebie, żeby nie zawieść innych i ich nie rozczarować. Takie myślenie i przeżywanie skutkuje niezadowoleniem z siebie i obniżeniem samooceny.

Przykład Barbary z poprzedniego podrozdziału pokazuje, jak destrukcyjne mogą być nadmierne oczekiwania wobec siebie. Rodzina wysyłała jej komunikat: „Masz być doskonała". Komunikat nie był wyrażany wprost, raczej dawany do zrozumienia, ale ona przyjęła ten przekaz jako swój i paraliżował ją lęk, że nie podoła.

Teoretycznie wiesz, że nie ma ludzi doskonałych, ale trudno jest zastosować ten stereotyp w odniesieniu do siebie. Warto jednak dać sobie prawo do niedoskonałości, tym bardziej że nigdy nie jest tak, byśmy byli tylko bardzo dobrzy albo bardzo źli.

Nie jesteśmy jednoznaczni

Możliwe, że przywykłeś do myślenia o sobie w kategoriach dwuwartościowych, czarno-białych, z przewagą czerni.

Ćwiczenie

1. Podziel kartkę na dwie części pionową linią.
2. Po lewej stronie kartki wypisz te swoje cechy, które znasz („pozytywy" i „negatywy"), jaki jesteś, np.:

wesoły głupi punktualny rozważny dbający o innych	

3. Następnie, po prawej stronie kartki, wpisz przeciwieństwa, unikając jednak słowa „nie".

wesoły	smutny
głupi	mądry
punktualny	spóźnialski
rozważny	lekkomyślny
dbający o innych	dbający o siebie

Po lewej stronie są twoje cechy, o których wiesz. Po prawej – te cechy, które też masz, ale o nich nie wiesz.

Może być przecież tak, że w pewnych dziedzinach jesteś kompletnym ignorantem, a w innych ekspertem. Możesz z reguły być punktualny, ale zdarza ci się spóźniać. Wszystko zależy od okoliczności, nastawienia, motywacji, sytuacji życiowej, okresu rozwojowego. Często dziecko, które osiąga bardzo dobre wyniki w nauce w szkole podstawowej, w gimnazjum czy liceum doświadcza spadku formy intelektualnej i emocjonalnej, by na wybranych przez siebie studiach znowu odzyskać siły.

Zapamiętaj

Poza czarnym i białym jest mnóstwo odcieni szarości.

W procesie uczenia się doceniania samego siebie pomocne mogą być m.in. wyniki badań Howarda Gardnera, dotyczące rodzajów inteligencji. Dotąd panował pogląd, że ktoś po prostu jest mniej lub bardziej inteligentny, co można zbadać za pomocą odpowiednich testów. Okazało się jednak, że mamy kilka różnych rodzajów inteligencji. Gardner w swojej książce zatytułowanej *Inteligencje wielorakie. Teoria w praktyce* przedstawia osiem rodzajów inteligencji, a trwają badania nad następnymi.

Spróbuj rozpoznać, jaki rodzaj inteligencji przeważa u ciebie – może ich być kilka:

- **Przewaga inteligencji lingwistycznej:** lubisz czytać, pisać i słuchać, jesteś wrażliwy na wzory i schematy, masz umiejętność prezentowania swoich racji, cechuje cię uporządkowanie, systematyczność. Wybierasz zawód dziennikarza, publicysty, redaktora, polityka, pisarza.
- **Przewaga inteligencji logiczno-matematycznej:** potrafisz myśleć abstrakcyjnie, jesteś zorganizowany, systematyczny i dokładny, lubisz liczyć, jesteś logiczny i konkretny, lubisz pracować na komputerze, rozwiązywać zagadki i problemy logiczne, eksperymentować w logiczny sposób, dedukować. Wybierasz zawód matematyka, fizyka, inżyniera, prawnika, detektywa, księgowego.

- **Przewaga inteligencji wizualno-przestrzennej:** potrafisz myśleć obrazami, tworzysz obrazy i wizje umysłowe, używasz metafor, potrafisz całościowo uogólniać i dopełniać, lubisz malarstwo, rzeźbę, rysunek, masz wyczucie koloru, łatwo czytasz mapy, tabele. Wybierasz zawód architekta, malarza, rzeźbiarza, nawigatora, stratega czy inne, w których przydatna jest wyobraźnia przestrzenna, np. budownictwo.
- **Przewaga inteligencji muzycznej:** jesteś wrażliwy na dźwięki, tembr głosu, odczytujesz ładunek emocjonalny zawarty w muzyce, masz cechy osoby uduchowionej. Wybierasz zawód muzyka, kompozytora, wykonawcy, inżyniera dźwięku lub inny związany z instrumentami.
- **Przewaga inteligencji kinestetycznej:** masz kontrolę nad własnym ciałem i przedmiotami, szybki refleks, poczucie czasu, lubisz dotyk, np. obracasz w ręku przedmioty podczas słuchania, trudno ci usiedzieć w jednym miejscu, lubisz zabawy i prace mechaniczne, uczysz się, np. wykonując w tym samym czasie jakąś inną czynność, lubisz ruch i pracę w ruchu. Wybierasz zawody takie, jak tancerz, aktor, sportowiec, chirurg, nauczyciel wychowania fizycznego, kierowca czy zawody związane z pracą na świeżym powietrzu, np. budowniczy, mechanik.
- **Przewaga inteligencji przyrodniczej:** jesteś wrażliwy na otaczającą cię naturę, potrafisz nawiązać kontakt ze zwierzętami, opiekujesz się kwiatami. Masz orientację przestrzenną, lubisz podróżować. „Czujesz" rośliny i zwierzęta. Wybierasz takie zawody, jak: weterynarz, zootechnik, ogrodnik, rolnik.
- **Przewaga inteligencji interpersonalnej:** łatwo nawiązujesz kontakty z ludźmi, aklimatyzujesz się w grupie, masz zdolność empatii, potrafisz współpracować w grupie, dobrze prowadzisz negocjacje. Wybierasz zawody nauczyciela, polityka, sprzedawcy, menadżera, terapeuty, ogólnie zawody wymagające pracy z ludźmi.
- **Przewaga inteligencji intrapersonalnej (intuicyjnej):** cechuje cię umiejętność wyczuwania innych ludzi i sytuacji, masz dużą świadomość własnej jaźni, swoich mocnych stron, swoich uczuć i roli życiowej. Obserwujesz z boku. Wybierasz zawód pisarza, psychoterapeuty, filozofa, myśliciela.

Wśród swoich cech możesz wyróżnić jedną lub kilka rodzajów inteligencji, możesz je także rozwijać. Na podstawie ich znajomości łatwiej ci będzie dotrzeć do własnych zasobów i budować poczucie własnej wartości.

Budowanie adekwatnej samooceny

Poczucie własnej wartości jest koniecznym warunkiem skutecznych, asertywnych reakcji. Daje wewnętrzną siłę, która pozwala na wyznaczanie granic lub wyrażanie oczekiwań.

Nasuwa się pytanie, jak pozbyć się wewnętrznych głosów krytycznych. Trzeba mieć świadomość, że nie stanie się to od razu, że jest to proces, czyli zmiany mogą nastąpić powoli. Jeśli jakieś bodźce działały na nas długo i z dużą siłą, trzeba czasu, żeby ten proces odwrócić. Ale jest to możliwe.

- **Warto dać sobie prawo do niedoskonałości.** Takie prawdziwe odciążenie siebie z nadmiernych wymagań daje ulgę. Nikt nie jest doskonały – ani rodzice, ani inne ważne dla ciebie osoby – dlaczego więc miałbyś wymagać od siebie rzeczy niemożliwej?
- **Masz prawo mieć dobre zdanie na swój temat.** W okresie dorastania naturalnym zjawiskiem jest młodzieńczy bunt: niezgoda w celu budowania własnej tożsamości, własnej autonomii. Ty też masz prawo zbuntować się przeciwko temu, co sądzą o tobie inni, masz prawo budować własną opinię o sobie – swoją wartość.
- **Masz prawo akceptować siebie w pełni** – mieć świadomość własnych mocnych i słabych stron. Działa to w ten sposób, że jeśli akceptujesz siebie – akceptujesz innych. Nie można prawdziwie akceptować innych ludzi bez polubienia siebie. Prawdziwie zdrowa pozycja to „Ja jestem OK – ty jesteś OK" (podrozdział *Pozycje interpersonalne*).
- **Warto uruchomić w sobie swoje Wewnętrzne Dziecko i zadbać o nie.** Potrzebna jest równowaga pomiędzy stanami ego – zwykle przy niskiej samoocenie Wewnętrzny Rodzic (oczywiście Rodzic Karcący) ma przewagę (podrozdział *Ja Rodzic*), natomiast niedostatecznie ujawnia się Dziecko Spontaniczne.

Zapamiętaj

Jeśli nawet w dzieciństwie i okresie dorastania twoje potrzeby (np. akceptacji) były ignorowane, jako dorosły możesz uzupełnić te braki, budując własną wewnętrzną akceptację.

Podsumowanie

1. Samoocena, czyli ocenianie samego siebie, buduje się na podstawie przekazów z otoczenia, skryptów rodzinnych, sygnałów werbalnych i niewerbalnych.
2. Samoocena może być adekwatna do rzeczywistości, czyli zgodna z pozycją „Ja jestem OK – ty jesteś OK", zaniżona, czyli „Ja nie jestem OK – ty jesteś OK", lub zawyżona, czyli „Ja jestem OK – ty nie jesteś OK".
3. Adekwatna do rzeczywistości, akceptująca siebie i innych samoocena („Ja jestem OK – ty jesteś OK") jest warunkiem asertywnego reagowania.
4. Jeśli rodzice akceptują dziecko bezwarunkowo, uczą je tym samym akceptacji siebie.
5. Jeśli dziecko czuje, że rodzice je rozumieją, wzrasta jego pewność siebie i samoocena.
6. Przy odbiorze własnej osoby pojawia się często lęk przed oceną przez innych ludzi.
7. Lęk przed oceną prowokuje reakcje obronno-agresywne, podyktowane obawą przed negatywnym odbiorem.
8. Nie ma potrzeby odbierać sygnałów z otoczenia w kategoriach oceny – złej lub dobrej. To są tylko opinie, a każdy ma prawo do własnej opinii.
9. Opinie mają to do siebie, że nie trzeba się z nimi zgadzać.
10. Nie jesteśmy jednoznaczni – możemy być różni, w zależności od sytuacji, warunków itp.
11. Masz prawo akceptować siebie i budować poczucie własnej wartości.

Rozdział 6

Czyj to problem? – granice odpowiedzialności

Z tego rozdziału dowiesz się:

- czy musisz brać odpowiedzialność za otoczenie i spełniać wszystkie oczekiwania;
- jak rozpoznać manipulacje i jak się przed nimi bronić;
- jak asertywnie odmówić – bez poczucia winy.

Zderzenie oczekiwań – otoczenia wobec ciebie i twoich wobec siebie

Dla zdrowego funkcjonowania istotna jest świadomość granic, jakie istnieją między jednostką a otoczeniem.

Można sobie wyobrazić, że każdy z nas ma wokół siebie jakieś ogrodzenie, a za tym ogrodzeniem własny ogródek. Ogrodzenia są rozmaite: niektórzy otaczają się grubym murem, inni płotem z równych, prostych sztachet, a u jeszcze innych te sztachety są częściowo połamane lub wielu brakuje. To ogrodzenie to symboliczne granice, które wyznaczają nasze terytorium.

Rys. 6.1. Moje granice – moje terytorium

Twoje granice – twoje terytorium

Od zarania dziejów terytorium zawsze było bardzo ważne, i to nie tylko dla człowieka. Wiele zwierząt również oznacza swoje terytorium, nie chcąc, by jakiś intruz wtargnął na ich teren. Walka człowieka o terytorium jest podstawą historii ludzkości. Podobnie w sferze psychiki, ludzie mają własne terytorium psychologiczne, czyli autonomiczny obszar, którego naruszenie budzi dyskomfort. Granice mogą zostać naruszone na wiele sposobów, np. przez czytanie cudzej korespondencji, wywieranie presji i nacisku, zmuszanie do czegoś, naruszanie cielesności czy nadmierne, nieadekwatne oczekiwania wobec kogoś.

„Ale jakie oczekiwania są nadmierne i nieadekwatne?" – spyta ktoś, komu asertywna obrona własnego terytorium sprawia trudność.

Przykład

Joanna dojeżdża do pracy samochodem, razem z siostrą, którą podwozi przy okazji. Zwykle było tak, że Joanna była od dawna gotowa do wyjścia, ale musiała czekać na siostrę, która później wstawała i trudno jej było zdążyć z porannymi czynnościami. W konsekwencji obie spóźniały się do pracy.

Pewnego dnia Joanna powiedziała siostrze: „Jeśli nie będziesz gotowa na czas, nie będę czekać, odjadę bez ciebie. Nie chcę spóźnić się do pracy".

Oczywiście siostra nie potraktowała poważnie tego ostrzeżenia, znów zbyt długo spała i nie była gotowa, gdy nadeszła pora wyjazdu. Joanna zrobiła tak, jak zapowiedziała, i pojechała bez siostry, dzięki czemu w pracy zjawiła się punktualnie. Natomiast siostra musiała jechać autobusem, przez co spóźniła się bardziej niż zwykle.

Początkowo siostra obraziła się na Joannę, lecz ta była konsekwentna i zapowiedziała: „Jeśli chcesz ze mną jeździć, bądź gotowa o odpowiedniej porze". Teraz już obie docierają do pracy na czas.

Przykład ten wyraźnie pokazuje, że oczekiwania siostry wobec Joanny nie były realne. Załatwiała sobie swoje sprawy jej kosztem. Natomiast Joanna przez długi czas nie była tego świadoma, denerwowała się i narażała na konsekwencje w pracy. Nie wiedziała, że siostra narusza jej granice. Wyraźne określenie granic pomogło, rozładowało napiętą sytuację. Joanna wstawiła brakującą sztachetkę w swoim płotku.

Pozostaje jeszcze kwestia chwilowego obrażenia się siostry na Joannę, ale tym zagadnieniem zajmiemy się w podrozdziale *Rozdzielenie problemów*.

Trudności w wyznaczaniu własnych granic są ściśle związane z wewnętrzną presją, by sprostać oczekiwaniom otoczenia. Ten przymus wywodzi się z wczesnodziecięcych doświadczeń i w dorosłym życiu przejawia się funkcjonowaniem w stanie „dziecka dostosowanego" (patrz podrozdział *Ja Dziecko*). Odbywa się to poza świadomością – nie wiemy, dlaczego tak robimy.

W wyniku oddziaływania otoczenia tworzymy rozmaite mechanizmy, których nie jesteśmy świadomi. Niemiecki psycholog i psychoterapeuta Fritz Perls wyodrębnił zjawisko zanikania granic pomiędzy jednostką a jej otoczeniem, zwane konfluencją. Jak pisze w pracy zbiorowej zatytułowanej *Psychoterapia*, wydanej pod redakcją Lidii Grzesiuk: „Występuje ona [konfluencja] u osób, od których rodzice w dzieciństwie wymagali, aby były podobne do nich. W takiej sytuacji dziecko zatraca swoją odrębność, stapia się z nimi, aby nie stracić akceptacji na skutek zachowań niezgodnych z ich oczekiwaniami. Wówczas przestaje rozpoznawać własne potrzeby".

Tak też buduje się pozycja Dziecka Dostosowanego. Wracając do przykładu z początku rozdziału 3, niewyrażone wprost, raczej „dawane do zrozumienia" sygnały od rodziny były takie, że Kasia ma stać się swego rodzaju głową rodziny, przejąć obowiązki i odpowiedzialność rodziców. Te oczekiwania Kasia przyjęła jako własne i też tego od siebie oczekiwała. W rzeczywistości nie były one możliwe do spełnienia – ale Kasia o tym nie wiedziała. Wymagała od siebie rzeczy niemożliwej i nie mogąc sprostać oczekiwaniom własnym i rodziny, frustrowała się i obwiniała, że nie daje rady.

Otoczenie wywierało na nią nieświadomą presję nierealistycznych oczekiwań, a Kasia też oczekiwała tego samego od siebie.

Warto jednak zadać sobie pytanie, czy rzeczywiście musimy spełniać wszystkie oczekiwania.

Czy musisz spełniać wszystkie oczekiwania?

W rzeczywistości otoczenie może od ciebie oczekiwać różnych rzeczy, ma do tego prawo. Ty jednak masz prawo odmówić, masz prawo wyznaczać granice i budować swój płotek z równych sztachet.

Zadajmy sobie inne pytanie, a mianowicie: czy wszystkie nasze oczekiwania są spełniane? „Oczywiście, że nie" – odpowiesz z oburzeniem. I to jest naturalne, mamy prawo do różnych oczekiwań, ale nie zawsze są one spełnione. Działa to również w drugą stronę: mamy prawo nie spełniać oczekiwań innych ludzi.

Teoretycznie brzmi to dosyć rozsądnie i logicznie, ale trudniej zastosować to w praktyce. Co może się zdarzyć, gdy nie spełnisz czyichś oczekiwań?

Sytuacja niespełnienia oczekiwań	Przewidywana reakcja otoczenia
1. Rodzice chcą, żebyś jak zwykle spędził z nimi święta, a ty wolałbyś spędzić ten czas w schronisku w górach razem ze swoją partnerką.	Mogą się obrazić, mama będzie płakała, a ojciec powie, że ich lekceważysz i nie szanujesz.
2. Chciałbyś dostać się na studia artystyczne, a rodzice wolą, żebyś poszedł na politechnikę.	Ojciec odmówi finansowania twoich fanaberii, jak to nazywa; masz mieć konkretny zawód. Mama nie będzie się odzywać, dopóki nie zmienisz zdania.
3. Szef w pracy wymaga, żeby wszyscy w dziale byli dla siebie mili i uprzejmi.	Będzie rozczarowany, jeśli wyjdzie na jaw, że są duże różnice zdań w zespole, lepiej więc udawać, że wszystko jest dobrze.
4. Kolega obiecał kilku osobom w dziale, że zrobi za nich sprawozdania, a teraz nie może zdążyć, chce, żebyś zrobił to z nim. Ty swoją pracę skończyłeś i odmawiasz.	Obrazi się, zarzuci ci egoizm albo obmówi cię przed kolegami.
5. Chcesz wyprowadzić się z domu, masz już upatrzone mieszkanie do wynajęcia, ale boisz się reakcji rodziców.	Rodzicom będzie przykro, obawiasz się, że ich w ten sposób skrzywdzisz – czułbyś się winny.

Spróbuj przypomnieć sobie podobne sytuacje z własnego doświadczenia.

Bywa tak, że ulegasz innym, dostosowujesz się do ich oczekiwań swoim kosztem, bo układasz sobie w głowie swoisty scenariusz tego, co będzie, gdy postawią na swoim, jakie będą tego konsekwencje.

Przyjrzyjmy się teraz konsekwencjom przedstawionych wyżej sytuacji: co się dzieje, gdy ulegasz presji otoczenia, wbrew własnym chęciom:

1. Spędzasz święta z rodzicami, tak jak zwykle. Jesteś zły, że partnerka pojechała sama (na narty lub do swojej rodziny), bo chciałeś być z nią w tym czasie. Jakoś te święta przetrwasz, ale atmosfera panująca w domu nie jest zbyt miła.
2. Idziesz na politechnikę, lecz te studia kompletnie cię nie interesują. Kończysz je, ale z kiepskim wynikiem. Nie masz satysfakcji z pracy.
3. W zespole wszyscy udają uprzejmość, konflikt narasta, napięta atmosfera też. W rezultacie zespół nie jest w stanie zrealizować dużego zamówienia.
4. Pomagasz koledze zrobić te sprawozdania za innych pracowników w czasie, w którym obiecałeś pójść z żoną do kina. Żona rozczarowana, w domu ciche dni, a w pracy za chwilę dostajesz kolejne sprawozdania do zrobienia za kogoś.
5. Pozostajesz nadal w domu rodzinnym, ale męczysz się, masz poczucie, że się dusisz, wszystko cię denerwuje.

Jak widać, i tak źle, i tak niedobrze. Jeśli ulegasz presji, wcale sytuacji nie naprawiasz, za to dodatkowo odczuwasz dyskomfort.

Wszystkie omówione wyżej przypadki dotyczyły problemu naruszenia granic i spełniania cudzych oczekiwań własnym kosztem.

Z budowaniem własnych granic łączy się kwestia rozdzielania problemów, omówiona poniżej.

Rozdzielenie problemów

Może zabrzmi to dość brutalnie, ale zastanawiając się, czy spełnić cudze oczekiwania, czy też nie, warto zadać sobie pytanie: czyj to problem?

Obarczanie się problemami innych jest bardzo obciążające, bo stanowi naruszenie naszych granic. Chodzi tu o b r a n i e   o d p o w i e d z i a l n o ś c i za cudze chęci, emocje czy sposoby reagowania.

Jeśli reagujemy asertywnie, nie mamy wpływu na to, jak ktoś się zachowa ani co zaproponuje. Jego sposób reagowania wynika z jego konstrukcji psychicznej – jest jego sprawą, jego problemem. Powstał z jego skryptu rodzinnego.

Przykładowo: czyj to problem, gdy ktoś się obrazi, jeśli odmówisz? To problem tego, kto się obraża. Obrażanie się jest formą manipulacji, wynika z utrwalonych sposobów reagowania. Twój rozmówca ma prawo się obrazić, jeśli chce – ty nie jesteś w stanie zapobiec wszystkim jego dąsom i kaprysom.

Wracając do przykładu Joanny – siostra obraziła się na nią za to, że nie czekała, bo chciała zdążyć do pracy. Tak naprawdę to problem siostry – to ona powinna wstać wcześniej, by zdążyć na czas. Swoim zachowaniem siostra pokazała, że woli ponieść konsekwencje spóźnienia. Joanna z kolei jasno określiła swoje oczekiwania i wyznaczyła granice. Gdy siostra zobaczyła, że jej obrażanie się nie odniosło skutku (Joanna nie przejęła się tym), zmieniła taktykę i uszanowała granice Joanny.

Inaczej rzecz ujmując, przejmowanie odpowiedzialności za kogoś jest formą naruszenia jego granic (patrz rozdział 9).

Pewna psycholog prowadziła trening umiejętności społecznych dla dzieci. Wspólnie z grupą ustaliła zasady funkcjonowania i wszyscy uczestnicy zawarli kontrakt grupowy. Jedna z zasad brzmiała: „Gdy ktoś mówi, inni słuchają". Nagle, podczas zajęć, do psycholog podbiegła dziewczynka i powiedziała: „Proszę pani, a Franek nie słucha!", „A czyj to problem?" – zapytała pani psycholog. „No... Franka...", „To niech nim nadal pozostanie".

Wracając do przykładu obrażania się, takie reakcje stają się naszym problemem wtedy, gdy w jakiś sposób nas dotykają, gdy to obrażanie się na nas wpływa. Dlatego tak ważna jest świadomość własnych granic – żeby nie brać do siebie cudzych emocji.

Czym innym jest empatia, czyli współodczuwanie, czym innym pomoc w problemach innym ludziom. Mówimy tu o asertywnym stawianiu granic i rozdzielaniu problemów – w tym znaczeniu proponujemy budowanie swojego ogrodzenia.

Dlaczego jednak nie jest łatwo przeciwstawić się czyjejś presji i naciskowi? Ponieważ za próbą odmowy stoi lęk, a konkretnie – lęk przed odrzuceniem.

Lęk przed odrzuceniem – jak sobie z nim radzić?

Spróbujmy się zastanowić, jakie emocje pojawiają się, gdy:

1. Jedna dziewczynka mówi do drugiej: „Chodź ze mną się bawić, bo jak nie – to się obrażę".
2. Grupa chłopców mówi do jednego z nich: „Co? Piwa z nami się nie napijesz? Cienki jesteś".
3. Matka mówi do córki: „Będzie mi bardzo przykro, jak nie przyjdziesz do mnie na obiad w niedzielę".
4. W pracy jedna koleżanka zwraca się do drugiej: „Zrób za mnie to zestawienie, ty zawsze tak dobrze to robisz".
5. Przyjaciółka prosi przyjaciółkę: „Pożycz mi tę sukienkę, będę zrozpaczona, jeśli mi nie pożyczysz, zupełnie nie mam co na siebie włożyć".

Przykład 1:
Dziewczynka boi się, że ta druga się obrazi, czyli odrzuci ją emocjonalnie. Przy tym będzie na nią zła, bo odrzucenie emocjonalne jest formą kary. Z lęku przed odrzuceniem może się dostosować, mimo że w tym momencie nie ma ochoty na zabawę.

Przykład 2:
Chłopiec obawia się, że gdy się nie dostosuje, grupa go odrzuci i oceni negatywnie. Ten lęk wynika z silnej potrzeby przynależności grupowej i uznania grupowego.

Przykład 3:
Córka będzie czuła się winna, gdy sprawi przykrość matce tym, że ma inne plany, czyli w swoim wyobrażeniu skrzywdzi matkę. A jeśli sprawi przykrość matce, ta może ją emocjonalnie odrzucić.

Przykład 4:
Koleżance trudno jest odmówić, bo tamta ją pochwaliła, a w ten sposób uruchomiła jej potrzebę akceptacji. Odmowa narazi ją na negatywną ocenę koleżanki, a tym samym na odrzucenie przez tę koleżankę.

Przykład 5:
Dziewczyna boi się, że odmową skrzywdzi przyjaciółkę, zrobi jej przykrość, co u niej samej może wywołać poczucie winy.

We wszystkich przypadkach pojawia się lęk przed odrzuceniem emocjonalnym. Tego rodzaju lęk ma swoje źródło we wczesnych relacjach z rodzicami lub opiekunami – gdy dziecko starało się dostosować, odczytywać oczekiwania opiekunów, bo to było warunkiem miłości i akceptacji. Wczesnodziecięcy lęk pozostaje u dorosłego i przenosi się na inne obiekty czy obszary funkcjonowania.

Tak naprawdę są to tylko wyobrażenia, płynące ze stanu Dziecka Dostosowanego. W rzeczywistości asertywna odmowa budzi szacunek, tak jak w opisanym wyżej przypadku Joanny. Dziecięce lęki nie mają odbicia w realnym świecie. Stanowcza odmowa budzi respekt nawet w grupie nastolatków namawiających do picia alkoholu.

Zapamiętaj

Warto wiedzieć, że są to dziecięce lęki i nie muszą się powtarzać. Możesz odbierać świat i siebie na zasadzie „Ja jestem OK – ty jesteś OK". W związku z tym masz prawo do własnych granic i do realizowania własnych, a nie cudzych oczekiwań.

Wczesnodziecięcy lek przed odrzuceniem jest bardzo mocno zakorzeniony dlatego, że – w swoim wyobrażeniu – dziecko stało przed perspektywą unicestwienia. Bo jeśli rodzice je odrzucą, to zginie, nie przetrwa. A przecież tak naprawdę rodzice wcale nie mieli intencji odrzucenia (nie mówimy tu o przypadkach patologicznych), tylko stosowali np. różne sposoby manipulacji czy presji, by wyegzekwować posłuszeństwo. Nie ma rodziców idealnych – to po prostu nie jest możliwe. Zdecydowana większość kocha swoje dzieci i chce dla nich jak najlepiej, ale reaguje przez pryzmat własnych doświadczeń, tego, jak była traktowana, nie zawsze świadoma skutków swoich działań wobec dzieci. Kochający rodzice też popełniają błędy, choćby dlatego, że chcą jak najlepiej wychować swoje dziecko, a boją się, iż nie podołają trudom wychowania. Lęk występuje po obu stronach – może więc warto się go pozbyć.

Przykład

Matka Beaty nadużywa alkoholu. Zaczęła po śmierci męża, ojca Beaty, który zmarł, gdy dziewczynka miała 5 lat. Właściwie już wcześniej matka lubiła topić smutki w alkoholu, ale problem nasilił się, gdy została sama z dzieckiem. U Beaty wystąpiły wszystkie objawy syndromu dziecka-bohatera: kładła spać pijaną matkę, pilnowała regulowania rachunków, robiła zakupy, sprzątała. W szkole świetnie się uczyła.

Podczas zajęć z pedagogiem szkolnym uświadomiła sobie, iż ma kłopot z asertywnym odmawianiem. Bała się, że swoją odmową sprawi komuś przykrość, przez co ona sama będzie czuła się winna. W domu było podobnie – wolała iść do sklepu po wino dla matki, niż patrzeć, jak płacze i wysłuchiwać wyrzutów: „Sama cię wychowuję, tak się poświęcam – a ty co? Tak mi się odwdzięczasz…".

Podczas kolejnych zajęć dowiedziała się, że alkoholizm to choroba, którą należy leczyć. Jak na dziecko-bohatera przystało, postanowiła namówić matkę na leczenie. Ale jej delikatna sugestia na ten temat wywołała awanturę.

Na szczęście dla nich obu zauważono ten problem w pracy matki – i dostała ultimatum: albo będzie się leczyć, albo zostanie zwolniona. Wybrała leczenie.

Beata z kolei zrozumiała, że w końcu musi zająć się sobą, wyznaczyć swoje granice i przestać brać odpowiedzialność za dorosłą matkę. Doznała ogromnej ulgi. Zrozumiała też, że miała wobec siebie oczekiwania ponad siły, że jej lęki przed odmową (a raczej lęki przed skutkami odmowy) tkwiły tylko w jej głowie, bo w rzeczywistości mogła, nawet powinna, odmówić. Problem alkoholowy był problemem matki, która sama sobie z nim poradziła.

Matka i córka odnalazły siebie, powróciły do właściwych ról w systemie rodzinnym.

Historia ta dobrze się kończy, ale Beata jeszcze przez jakiś czas pracowała nad opanowaniem lęku przed odrzuceniem w przypadku odmowy. To dlatego, że lęki z wczesnego dzieciństwa utrwalają się i ujawniają w podobnej postaci w życiu dorosłym, czyli przenoszą się na inne ważne osoby.

Do lęku przed odrzuceniem zbliżony jest lęk przed oceną: że ktoś pomyśli sobie o tobie, iż jesteś zły, nieuczynny, złośliwy itd. (patrz rozdział 5). A jeśli tak pomyśli, to może cię odrzucić.

Warto takiej sytuacji nadać cechy rzeczywiste, czyli uświadomić sobie, że takie lęki już nie mają racji bytu. Były przerażające z perspektywy dziecka, ale to już przeszłość, teraz jesteś dorosły.

Czy nie jestem egoistą? – mity i stereotypy

Poznajesz prawa, które ci przysługują, i być może zaczynasz się zastanawiać: „Jak to? Mam ciągle myśleć o sobie? Mam być egoistą?".

W potocznym rozumieniu osoba skoncentrowana na sobie, wyzuta ze zrozumienia i empatii dla innych, to właśnie egoista. Asertywność zakłada jednak inaczej: masz prawo do obrony swoich granic, ale z równoczesnym poszanowaniem terytorium innych osób.

Rzeczywiście, asertywność często mylona jest z agresywnym zachowaniem. Jednak na wyrażenie siebie w sposób asertywny składa się więcej czynników, w tym komunikaty niewerbalne, jak ton głosu, postawa ciała, wyraz twarzy itp.

Można powiedzieć n i e uprzejmie, choć stanowczo, a można ostro i brutalnie, wręcz agresywnie.

Podobnie wygląda kwestia rozdzielania problemów. „To nie mój problem" – powie ktoś ostro, wzruszając przy tym ramionami. Wydźwięk jest agresywny i może w otoczeniu budzić lęk, niechęć czy wręcz złość.

Jeśli natomiast rozdzielenie problemów potraktujemy w kategoriach granic psychologicznych, oddzielenia odpowiedzialności – to możemy poczuć, jak duży ciężar spada nam z serca. Wtedy też dajemy innym prawo do tego, by sami mogli zająć się swoimi problemami. Podążając tym tokiem rozumowania, napotkamy delikatną kwestię rozwiązywania za innych ich problemów. Chęć pozornie chwalebna, ale podszyta przekonaniem o naszej wyższości: „On sam nie da sobie rady, więc jest słabszy, gorszy, a ja mu pomogę, więc jestem lepszy". To uczucie głęboko nieświadome, ale warto zadać sobie pytanie: po co pomagamy? Co my będziemy z tego mieli?

Warto zastanowić się, czy ta chęć pomocy nie jest skutkiem postawy „Ja jestem OK – ty nie jesteś OK".

Często zdarza się, że rodzice lub dziadkowie mówią do dziecka:

- „Pomogę ci się ubrać, bo sam nie potrafisz".
- „Popatrz, jak posprzątałeś! Muszę to zrobić za ciebie".
- „Oddaj mi te narzędzia, sam tego nie naprawisz, a jeszcze coś zepsujesz!".

W ten sposób odbierają dziecku możliwość doświadczenia własnej sprawczości. Budują w nim poczucie, że „nie jest OK" – jest za to kimś bezradnym, zależnym od innych – bo sam nie potrafi.

Może warto dać innym możliwość zadbania o siebie, żeby mogli sami uporać się ze swoimi problemami, a potem poczuli dumę i satysfakcję z siebie?

Są sytuacje, kiedy pomoc, a wręcz obrona drugiej osoby, jest naturalna: gdy widzimy czyjąś krzywdę, gdy spotykamy się z niesprawiedliwością wobec innych, zarówno ludzi, jak i zwierząt. Gdy sytuacja tego wymaga, wtedy pomagamy w naturalny sposób. Warto jednak pamiętać o poszanowaniu granic innych osób.

Przykład

Krystyna nie pracowała zawodowo, zajmowała się czworgiem dzieci i domem. Mąż nieźle zarabiał i chciał, żeby żona była w domu. Krystyna więc od rana do wieczora sprzątała, prała, gotowała, pilnowała odrabiania lekcji, chodziła na wywiadówki itp., czyli, jak to się mówi, poświęciła się rodzinie. Właśnie „poświęciła", bo nie odczuwała żadnej satysfakcji ani zadowolenia. Mąż po powrocie z pracy jadł obiad, który musiał być podany odkładnie o godzinie 16.15, w chwili jego wejścia w progi domu, po czym zimą siadał przed telewizorem, a od wiosny do jesieni szedł na działkę, gdzie przebywał do zmroku.

Dzień Krystyny był podporządkowany rytmowi zajęć domowników: śniadanie dla męża i dzieci, pranie, sprzątanie, szykowanie i podanie obiadu, lekcje z dziećmi, kolacja, znów sprzątanie, mycie podłóg, a w tym czasie jeszcze zakupy i wiele innych obowiązków. Nikt jej nie pomagał, bo przecież nie pracowała. Nikt też nie zwracał uwagi na czyste okna czy podłogi, świeże firanki, wyszukane potrawy. Wszyscy traktowali to jako oczywistość.

Krystyna często bywała zirytowana, zniecierpliwiona. Na zwykłe pytania odpowiadała podniesionym tonem, traciła cierpliwość. Czuła się bardzo zmęczona.

Krystyna często chorowała, była też w szpitalu, a potem wyjechała do sanatorium. Wtedy mogła wreszcie odpocząć, bez poczucia winy, bo przecież tak na co dzień nie mogła „leniuchować" – poczucie obowiązku by jej nie pozwoliło, a poczucie winy by ją przygniotło.

Właśnie w sanatorium, podczas zajęć z psychologiem na temat radzenia sobie ze stresem, zaczęło do niej docierać, że coś jest nie w porządku. Że gdzieś zatraciła swoje granice, że poświęca się dla innych, ale swoim kosztem. Że i tak jest sfrustrowana i zła, a do tego ma poczucie przegranej.

Po powrocie do domu zaczęła wprowadzać stopniowo zmiany. Na początku zastanowiła się, co właściwie sprawiłoby jej przyjemność. Długo nad tym myślała, bo tak przywykła do troszczenia się o innych, że zupełnie nie wiedziała, co mogłaby zrobić dla siebie. Tak naprawdę nie miała przecież żadnych zainteresowań... Odkryła też, że jest nadopiekuńczą matką, więc jej dzieci były niesamodzielne. Mąż sam nie potrafił sobie zrobić nawet herbaty. We wszystkim ich wyręczała w przekonaniu, że sama wszystko zrobi najlepiej. A właściwie dotąd nie dała im możliwości nawet spróbować.

Postanowiła zapisać się na kurs florystyczny, ale to wiązało się ze zmianą harmonogramu zajęć w domu. O dziwo, dorastające dzieci odetchnęły z ulgą i nawet bez protestów przyjęły dodatkowe obowiązki, gdy zobaczyły, że mama wraca z kursu uśmiechnięta i zadowolona, a w dodatku jakby mniej je kontroluje. Mąż również nie protestował, bo on również był zmęczony licznymi chorobami i ciągłym złym nastrojem Krystyny. Nawet nauczył się smażyć jajecznicę.

Jak widać z powyższego przykładu, odrobina zdrowego egoizmu ze strony Krystyny pomogła zarówno jej samej, jak i całej rodzinie.

Krystyna była przekonana, że jej misją życiową jest poświęcić się dla rodziny – taki skrypt wyniosła z dzieciństwa i uważała to za swój obowiązek. Ale to „poświęcenie" w tym wypadku oznaczało m.in. przekraczanie granic psychologicznych wszystkich członków rodziny, co skutkowało ich frustracją.

Zapamiętaj

Jeśli ty jesteś zadowolony, spokojny i spełniony, to i twoje otoczenie na tym korzysta. Dlatego warto zacząć od zatroszczenia się o siebie.

Rozpoznawanie manipulacji – szantażu emocjonalnego, presji, nacisku...

Nie zawsze zorientujemy się w porę, że mamy prawo zareagować inaczej, niż to robimy. Zdarza się, że później, np. nie mogąc w nocy zasnąć, odtwarzamy w myślach całą sytuację, wymyślając cięte riposty i właściwsze zachowania. Przeżywamy wtedy różne emocje: złość, irytację, poczucie winy, czasem wstyd. Ponownie piszemy scenariusz tego wydarzenia.

Nie powinniśmy się obwiniać – w przypadku manipulacji często bywamy bezsilni. Zarazem, w pewnym sensie, wszyscy wszystkimi manipulują, chcąc osiągnąć jakieś korzyści. Już małe dzieci to robią: płaczem, odmawianiem jedzenia itp. Czasem jednak manipulacje stają się szantażem emocjonalnym. Możemy go rozpoznać np. po natężeniu emocji, które przeżywamy, doświadczając szantażu. Początkowo bardzo trudno jest rozpoznać szantaż, gdy jest stosowany wobec nas.

Suzan Forward i Donna Frazer w książce *Szantaż emocjonalny* przygotowały listę pytań, które pomogą ci stwierdzić, czy jesteś ofiarą szantażu:

Czy ważni w twoim życiu ludzie:

- Grożą, że zerwą z tobą, jeśli nie zrobisz tego, czego chcą?
- Mówią ci lub sugerują, że będą zaniedbywać siebie, obowiązki, zrobią sobie krzywdę lub popadną w depresję, jeśli nie zrobisz tego, czego chcą?
- Zawsze chcą więcej, niezależnie od tego, ile im dajesz?
- Zazwyczaj zakładają, że im ustąpisz?
- Zazwyczaj ignorują lub deprecjonują twoje uczucia i pragnienia?
- Wiele ci obiecują, ale spełnienie tych obietnic uzależniają od twojego zachowania i rzadko ich dotrzymują?
- Obsypują cię wyrazami aprobaty, kiedy im ulegasz, a dezaprobaty, kiedy nie chcesz ustąpić?
- Posługują się pieniędzmi jako środkiem do postawienia na swoim?

Jeśli odpowiedziałeś twierdząco na choćby jedno z tych pytań, to jesteś emocjonalnie szantażowany.

Warto zdemaskować różne narzędzia i sposoby, jakimi posługują się szantażyści emocjonalni.

Sposób szantażu	Zamierzony cel
Obrażanie się, nieodzywanie się, „ciche dni" – emocjonalne odrzucenie.	Wzbudzenie poczucia winy, ukaranie przez ograniczenie kontaktu.
Grożenie wprost zerwaniem kontaktu.	Strach, lęk przed odrzuceniem.
Grożenie, że sobie coś zrobią.	Strach przed poczuciem winy, że to będzie przez ciebie.
Grożenie gwałtownym pogorszeniem stanu zdrowia, jeśli się nie dostosujesz (np. zawałem).	Strach przed poczuciem winy, że to będzie przez ciebie.
Chwalenie, gdy się dostosujesz, ganienie, gdy masz swoje zdanie.	Zaspokojenie potrzeby akceptacji, lęk przed odrzuceniem.
Wzbudzanie litości („na biednego misia"), odgrywanie roli pokrzywdzonego cierpiętnika.	Współczucie, litość, poczucie winy w przypadku odmowy.
Wyśmiewanie, poniżanie, gdy nie ulegasz.	Obawa przed brakiem akceptacji, odrzuceniem.

Niektóre z tych metod, np. różne groźby wyrażane wprost, dosyć łatwo rozpoznać. Inne, takie jak obrażanie się czy wzbudzanie litości – nieco trudniej.

Trzeba otwarcie powiedzieć, że są to bardzo agresywne formy działania, z gatunku agresji ukrytej (patrz rozdział 7).

Asertywną obroną własnych granic zajmiemy się w następnych rozdziałach. Warto jednak wiedzieć, że jeśli w wyniku szantażu doświadczymy poczucia winy, lęku przed oceną i odrzuceniem, to tak naprawdę pod tymi emocjami może kryć się złość. Masz do niej prawo – twoje granice zostały naruszone. Uświadomiona złość pomoże zmobilizować energię do obrony, czyli do naprawy sztachet w twoim ogrodzeniu.

Asertywna odmowa – bez poczucia winy

Są obszary, w których łatwiej jest odmówić, i są takie, kiedy odmowa przychodzi z trudnością. Nie znaczy to, że zawsze i wszędzie masz mówić „nie", bo powiedzenie „nie" niekiedy może być brakiem asertywności.

Zapamiętaj

Masz prawo mówić „nie" lub „tak" zawsze wtedy, kiedy ty tego chcesz.

Przykładowo posiadacz auta traktuje swój samochód jak cząstkę swojego terytorium i rzadko ma problem z odmówieniem jego pożyczenia. Jest społecznie przyjęte i akceptowane, że „samochodu i żony się nie pożycza". Otoczenie też z reguły respektuje tę zasadę i pożyczenie komuś auta jest traktowane jako wyjątkowy gest, a odmowa nie jest uznawana za obrazę.

W innych sytuacjach może być podobnie. Zastanów się, dlaczego powiedzenie „nie" przychodzi ci z trudnością:

- bo nawet nie przyjdzie ci do głowy, że masz prawo zaprotestować;
- bo czujesz się słabszy, gorszy, bardziej podporządkowany niż osoba, która naciska;
- bo ustawiasz się w pozycji „Ja nie jestem OK – ty jesteś OK";
- bo nie dajesz sobie prawa do wyznaczenia własnych granic i obrony swojego terytorium;
- bo obawiasz się, że w przypadku twojej odmowy otoczenie cię odrzuci, będzie źle o tobie mówić lub myśleć;
- bo łatwo ulegasz manipulacjom;
- bo będziesz czuł się winny, że komuś będzie przykro, gdy odmówisz;
- bo obawiasz się, że ktoś zezłości się na ciebie;
- bo odczuwasz wewnętrzną presję, by spełnić wszystkie oczekiwania otoczenia.

Jak widać, dużo jest czynników utrudniających odmowę, ale nie taki diabeł straszny, jak go malują. Najtrudniej jest zacząć.

Wracając do przykładu Krystyny z poprzedniego rozdziału, powtórzmy, że wyznaczenie granic i zadbanie o swoje potrzeby pomogło nie tylko jej – pomogło całej jej rodzinie. Podporządkowanie się innym wbrew twoim chęciom naraża cię na frustrację, dyskomfort. Wtedy nie ma dobrego rozwiązania, bo jeśli ty nie czujesz się dobrze, twoje otoczenie też to odczuwa.

Spróbuj wykonać poniższe ćwiczenie wprowadzające do nauki odmawiania.

Ćwiczenie

1. W samotności, przez kilka minut, mów głośno „nie".
2. Zwróć uwagę, jak ono brzmi: czy pewnie, spokojnie i zdecydowanie, wypowiedziane pełnym głosem, czy może nieśmiało, zbyt cicho i niepewnie?
3. Powtórz ćwiczenie, mówiąc „nie" przy zaufanej osobie, która powie ci, jak wiarygodnie w jej odbiorze brzmi twoje „nie".
4. Zwróć uwagę, jakie emocje wywołuje w tobie wypowiadanie słowa „nie".
5. Zwróć uwagę na pozycję swojego ciała, na postawę.

Większość sygnałów, jakie wysyłamy innym, przekazujemy niewerbalnie, poprzez wyraz twarzy, oczu, pozycję ciała, gesty. Możemy bardzo dużo informacji przekazać bez słów.

Jeżeli więc mówisz „nie" z pochyloną głową, nie patrząc w oczy, z opuszczonymi ramionami – sygnały niewerbalne są sprzeczne z przekazem werbalnym. Dla otoczenia może to być informacja, że „niby nie – a jednak tak". Taka postawa wyraża też niepewność, brak zdecydowania, i zapewne tak właśnie jest, bo nie dajesz sobie prawa do odmowy.

Gdy jesteś pewien swych racji, tego, że możesz odmówić, wtedy automatycznie przybierasz odpowiednią do decyzji postawę ciała, mówisz mocnym, spokojnym głosem, patrzysz prosto w oczy.

Aby móc spokojnie odmówić i nie czuć się potem winnym, trzeba wcześniej poznać swoje emocje, przyjąć do wiadomości, że:

- Masz prawo do swojego autonomicznego terytorium, a nikt nie ma prawa na nie wtargnąć bez twojej zgody.
- Nie musisz brać odpowiedzialności za inne dorosłe osoby, one też mają swoje terytoria i mają prawo do swoich emocji z wszelkimi konsekwencjami, np. mogą obrażać się, jeśli tego chcą.

- Nie musisz spełniać oczekiwań wszystkich innych osób, lecz tylko niektórych z nich, a to nie jest możliwe bez frustracji.
- Masz prawo do rozdzielania problemów i wyznaczania granic, choć istnieje duże prawdopodobieństwo, że osoby z twojego otoczenia będą wyrażać niezadowolenie, jeśli np. przyzwyczaiłeś je do tego, że nigdy nie odmawiasz i spełniasz wszystkie oczekiwania.
- Masz prawo nie zgadzać się na szantaż emocjonalny i manipulację, bo jest to naruszenie granic twojego terytorium.
- Nie musisz się bać, że otoczenie cię odrzuci, jeśli odmówisz (czyli nie spełnisz oczekiwań), przeciwnie, zacznie wreszcie respektować twoje granice.
- Jeśli pozwolisz innym naruszać swoje granice, to jest duże prawdopodobieństwo, że będą to robić, załatwiając różne swoje sprawy twoim kosztem.
- Nie ma twojej winy w tym, że odmówisz, to zupełnie naturalne, że wyznaczasz swoje granice i szanujesz granice innych, dając im prawo do samodzielności.

Zagadnieniem lęku przed złością innych oraz możliwościami radzenia sobie z nim zajmiemy się w następnych rozdziałach.

Podsumowanie

1. Każdy człowiek ma swoje terytorium psychologiczne, swój własny obszar, którego naruszenie wywołuje dyskomfort.
2. To terytorium jest otoczone symbolicznymi granicami, twoim „płotkiem".
3. Masz prawo do wyznaczania granic swojego terytorium, by czuć się na nim bezpiecznie.
4. Niektórzy ludzie próbują naruszać terytoria innych, chcąc uzyskać coś dla siebie cudzym kosztem. Robią to np. poprzez szantaż emocjonalny i manipulację.
5. Jest wiele emocjonalnych powodów, dla których ulegasz szantażowi: np. lęk przed odrzuceniem, lęk przed oceną, poczucie winy i wstydu, poczucie obowiązku itp. Zwykle są to emocje podobne do tych, których doświadczałeś jako dziecko. Będąc dorosłym, masz prawo i siłę do tego, by wyznaczać swoje granice.
6. Masz prawo mówić „nie" lub „tak" – kiedy ty tego chcesz.
7. Nie musisz brać odpowiedzialności za innych dorosłych, oni też mają prawo do wyznaczania własnych granic.
8. Masz prawo dbać o swój komfort psychiczny, co jest korzystne zarówno dla ciebie, jak i twojego otoczenia.
9. Nie jest twoją winą, że wyznaczasz granice, to naturalne prawo każdego człowieka.

Rozdział 7

Kamyk do ogródka – czyli obrona własnych granic

Z tego rozdziału dowiesz się:

- jak rozpoznać zachowania bierno-agresywne;
- jak asertywnie reagować na krytykę i atak;
- jak przyjąć uzasadnioną krytykę, bez dyskomfortu psychicznego.

Dyskomfort w relacji – jak rozpoznać ukrytą agresję?

W poprzednim rozdziale zajmowaliśmy się problemem wyznaczania granic w sytuacjach asertywnej odmowy. Natomiast bywa też tak, że dotykają nas różne formy i odmiany agresywnych zachowań, czyli – posługując się wspomnianą wcześniej metaforą – różne osoby wrzucają do naszego ogródka rozmaite kamyki. Pokazany w poprzednim rozdziale szantaż emocjonalny też jest zawoalowaną formą agresji, ale zwykle bywa stosowany po to, żeby ktoś mógł coś od nas uzyskać. Natomiast „wrzucanie kamyków" nie musi wiązać się z chęcią uzyskania czegoś od nas, a jedynie np. z dokuczeniem nam. Wówczas jesteśmy po prostu celem ataku.

Przykład

Bożena i Ewa pracowały w gimnazjum, Bożena była nauczycielką historii, a Ewa – biologii. Niezbyt się lubiły, nie była to otwarta wrogość, ale można było wyczuć między nimi jakieś napięcie. W czasie zebrań rady pedagogicznej zwykle miały odmienne zdania, różniły się też opiniami w sprawach wychowawczych dotyczących wychowania uczniów. Gdy Ewa wchodziła do pokoju nauczycielskiego, czasem słyszała głos Bożeny, skierowany gdzieś w przestrzeń: „Niektórzy to zbyt pobłażają swoim uczniom, a potem oni nie mają szacunku dla innych!".

Ewa domyślała się, że Bożena mówi o niej, ale nie podejmowała tematu. Było ogólnie wiadomo, że Bożena różne zachowania uczniów odbierała jako brak szacunku dla siebie i szczególnie niechętnie odnosiła się do Ewy, gdyż ta całkiem nieźle radziła sobie z problemami wychowawczymi.

Pewnego dnia Bożena przyszła bardzo zdenerwowana po lekcji z klasą, której wychowawczynią była Ewa. „To niedopuszczalne! – krzyczała z oburzeniem już od progu pokoju nauczycielskiego – On jest agresywny i bezczelny!".

„Co się stało?" – ktoś zapytał. „Ten Daniel, z klasy pani Ewy, powiedział mi, żebym mu dała święty spokój! Jak on mógł! No tak, to są efekty pobłażania uczniom! Zaraz wszyscy będą robili z nami, co chcą! Po prostu wspaniale! Uczniowie będą rządzili szkołą, a my mamy być cicho! Ewa powinna wyciągnąć konsekwencje, napisać uwagę do rodziców!" – krzyczała podenerwowana Bożena, gdy do pokoju weszła Ewa.

„O, jest pani! Wspaniale wychowała sobie pani uczniów w klasie! Proszę tak dalej robić, to zobaczymy, co z tego wyniknie!".

Zanim zaskoczona Ewa zdążyła zareagować, Bożena ze słowami: „Idę do dyrektora" wyszła, trzaskając drzwiami. Na następnej przerwie dyrektor polecił Ewie zbadać zaistniałą sytuację.

Okazało się, że w klasie wrzało. Uczniowie byli oburzeni reakcją pani od historii, czyli Bożeny. Z ich relacji wynikało, że zbyt ostro potraktowała Daniela, czego on faktycznie nie wytrzymał i powiedział, żeby mu dała święty spokój.

Ewa wiedziała, że Daniel pochodził z rodziny, w której przemoc była na porządku dziennym. Od jakiegoś czasu sytuacja w domu pogorszyła się: ojciec wszczynał awantury właściwie codziennie, rodzice byli w trakcie rozwodu. Szczególnie ostro ojciec traktował Daniela: poniżał go, wyśmiewał, lekceważył. Tego dnia Daniel miał przygotować notatkę z historii, ale po kolejnej scysji z ojcem nie był w stanie tego zrobić. Przez cały wieczór płakał, a choć rano wstał nieprzytomny, to poszedł do szkoły. O notatce z historii zupełnie zapomniał.

Pech chciał, że historyczka wywołała go do odpowiedzi i kazała pokazać pracę domową. Gdy przyznał się, że jej nie ma, Bożena zaczęła ironizować: „No pięknie! Co, wydaje ci się, że ciebie odrabianie lekcji nie dotyczy? Pan hrabia ma inne prawa? Tatuś się pewnie ucieszy, że jego synek jest taki pracowity, że nawet notatki nie chce mu się zrobić…".

Długo jeszcze mówiła w podobny sposób i wreszcie Daniel nie wytrzymał. Wstał, powiedział, żeby mu dała święty spokój, i wybiegł z klasy.

Wysłuchawszy reakcji uczniów, Ewa powiedziała do Daniela: „Rozumiem twoją sytuację i twoje emocje. Nie zgadzam się jednak na to, żebyś w taki sposób reagował, bo sam ponosisz konsekwencje. Masz prawo zgłosić nauczycielowi przed lekcją, że z jakiegoś powodu nie masz pracy domowej – tak się może zdarzyć. Możesz zadbać o siebie, żeby uniknąć kłopotów".

Ewa była w trudnej sytuacji, bo na forum klasy nie mogła wyrazić swojego oburzenia na zachowanie Bożeny. Porozmawiała z nią w obecności dyrektora. Powiedziała: „Rozumiem, że poczuła się pani urażona reakcją Daniela, nie zgadzam się natomiast, żeby stosowała pani wobec niego tego rodzaju uwagi. Dokładnie w ten sposób traktuje go jego ojciec, stosuje przemoc wobec niego".

Gdy Bożena poznała historię chłopca, poczuła się winna, że tak ironizowała. Równocześnie jednak poczuła złość do Ewy: bo jakim prawem taka młoda nauczycielka będzie ją pouczać, ją! Osobę z wieloletnim stażem i doświadczeniem! Ale to już nie był problem Ewy.

Tak naprawdę to Bożena sprowokowała zajście, „wrzucając kamyki do ogródka" Daniela. Ironizowanie i sarkazm był jej stałym narzędziem komunikowania się, podobnie jak nieustanne udzielanie dobrych rad wszystkim wokół, mówienie nie wprost, lecz sugerowanie, uwagi rzucane w przestrzeń. Przy tym wszystkim czuła się niezrozumiana, miała poczucie krzywdy, uważała, że ludzie są dla niej niemili. Obojętne, czy miała do czynienia z młodzieżą, czy dorosłymi, wszyscy traktowali ją podobnie.

Nie zdawała sobie sprawy z tego, że jej relacje były w rzeczywistości bardzo agresywne, prowokujące w odpowiedzi bądź zachowania podobnie agresywne, bądź unikowe, odsuwanie się od niej.

Wiadomo powszechnie, że agresja rodzi agresję. Bożena nosiła w sobie bardzo dużo tłumionej złości, z którą nie miała kontaktu, czyli nie zdawała sobie z niej sprawy. Sama doświadczyła podobnego traktowania w dzieciństwie, a w dorosłym życiu miała poczucie, że otoczenie jej nie docenia, nie rozumie, jest do niej wrogo nastawione. Przypisywała innym to, co nosiła w sobie. Jej złość żyła własnym życiem i wychodziła na zewnątrz w postaci zamaskowanych ataków.

Daniel nie potrafił jeszcze zareagować asertywnie w takiej sytuacji. Był przecież uczniem, zajmował więc pozycję podrzędną, podporządkowaną, a ironizowanie nauczyciela przypominało mu podobne traktowanie przez ojca. To wywołało u niego bardzo silne emocje. W gruncie rzeczy zależało mu na akceptacji Bożeny i bolało go, że nauczycielka go poniża.

Ewa natomiast asertywnie wyznaczyła granice. Pokazała Danielowi, jak można zadbać o swoje terytorium i wyraziła zrozumienie, którego tak bardzo potrzebował. Zarazem nie zaakceptowała agresywnych zachowań Bożeny wobec swoich uczniów.

Wcześniej Bożena „wrzucała kamyki do ogródka" Ewy, krytykując jej metody wychowawcze, po tym incydencie przestała to robić.

Czasem zupełnie nie wiesz, dlaczego w relacji z niektórymi ludźmi pojawia się dyskomfort: zaskoczenie, zmieszanie, poczucie winy, strach, złość, niepewność, poczucie niższej wartości. Zwykle masz wtedy do czynienia z ukrytą agresją – niby nic, a robi się przykro…

Ćwiczenie

Zastanów się, co czujesz w sytuacjach przedstawionych poniżej i wypisz swoje uczucia.

Co czujesz, gdy:

- Ktoś wypowiada się o tobie ironicznie, sarkastycznie:

  ....

- Żartuje sobie twoim kosztem:

  ....

- Mówi przy tym: „No, co ty, na żartach się nie znasz?":

  ....

- Poucza cię, moralizuje:

  ....

- Daje ci „dobre rady", choć o to nie prosiłeś:

  ....

- Przerywa twoją wypowiedź, „bo zapomni, co chciał powiedzieć":

  ....

Zapamiętaj

To są bariery komunikacyjne utrudniające porozumienie. Wzbudzają wiele trudnych emocji, których wspólnym mianownikiem jest złość, niezależnie od tego, czy ją sobie uświadamiamy (czy mamy z nią kontakt), czy nie.

Tłumiona złość może też występować w postaci poczucia winy lub krzywdy.

Przykładowo tzw. dobre rady występują w postaci sformułowań typu:

- Ja na twoim miejscu…
- Powinnaś to czy tamto.
- Nie powinnaś.
- A trzeba było powiedzieć.
- Musisz…

Podobne sformułowania budzą złość, bo przekazują ukryty komunikat: „ty nie jesteś OK", czyli osoba udzielająca rad uważa się za mądrzejszą od ciebie, wie lepiej, co należy zrobić lub powiedzieć. Podobnie jest z przerywaniem wypowiedzi rozmówcy, tak powszechnym nawet w telewizji, np. podczas politycznych dyskusji. Takie zachowanie wysyła komunikat, że twoja wypowiedź jest mniej ważna. Przerywający, chcąc przebić się ze swoim tekstem, tak naprawdę nie słucha, koncentruje się na tym, co sam chce powiedzieć. Dochodzi do swoistej próby sił: kto kogo przekrzyczy. Nie ma to nic wspólnego z wzajemnym poszanowaniem granic cudzych terytoriów.

W sytuacji, gdy czujesz, że do twojego „ogródka" wpadają czyjeś „kamyki" – masz prawo powiedzieć: „stop".

Najskuteczniejsza jest prosta informacja:
- Nie zgadzam się…
- Nie chcę, żebyś tak mówił…
- Nie chcę tego słuchać…
- Nie chcę, żebyś mi przerywał…

Mówisz wtedy po prostu od siebie, z tzw. komunikatu „ja", o którym więcej dowiesz się w następnych rozdziałach.

Zapamiętaj

1. Masz niezbywalne prawo, by czuć się bezpiecznie na swoim terytorium.
2. Jeśli coś ci nie odpowiada, nie sugeruj, nie dawaj do zrozumienia, nie okazuj miną czy gestem, bo rozmówca może tego nie odczytać.
3. Jesteś wartościowym człowiekiem, jesteś OK – i nikt nie ma prawa tego podważać.
4. Jeśli komuś nie podoba się, że broniąc siebie, wyznaczasz granice, to jest to jego problem. Nie masz na to wpływu, to od niego zależy, czy:
   - dostosuje się do komunikatu „stop" i uszanuje twoje granice;
   - obrazi się, poczuje się dotknięty;
   - zezłości się.

Różne reakcje wynikają z odmiennych charakterów, osobowości, systemów wartości, na które ty nie masz wpływu; ty po prostu mówisz „stop".

Asertywne reagowanie na nieuzasadnioną krytykę i atak

Za nieuzasadnioną krytyką i atakiem stoi cudza złość, skierowana w naszą stronę. Jest to złość zamieniona w zachowanie agresywne.

Łatwiej jest nam przyjąć krytykę, gdy ktoś mówi do nas w sposób asertywny: np. „Jestem zły na ciebie, bo nie kupiłaś chleba, a to ty obiecałaś zrobić zakupy po powrocie z pracy". Ten sam komunikat wyrażony w sposób agresywny budzi zupełnie inne emocje. Powiedzmy, że słyszysz: „No tak! Nie można na ciebie liczyć! Wszystko na mojej głowie! Znów nie zrobiłaś zakupów, jesteś doprawdy nieodpowiedzialna".

Taka informacja, składająca się z samych barier komunikacyjnych, budzi irytację, poczucie winy, wstyd. Jest wyrażona w formie krytyki całej osoby, nie powoduje jednak zmiany w zachowaniu, lecz wywołuje złość, poczucie niesprawiedliwości i krzywdy.

Jakie mogą być reakcje, gdy niezadowolenie i złość wyrażane są w sposób agresywny, atakujący? Podane propozycje uzupełnij własnymi.

1. Uległość.
   Podporządkowujesz się, wycofujesz, jest ci przykro i smutno, czujesz się winny, bo:
   - boisz się złości – masz trudności z cudzą złością;
   - obawiasz się, że ktoś się na ciebie zezłości, czyli odrzuci (lęk przed odrzuceniem);
   - źle cię oceni (lęk przed oceną);
   - generalnie wolisz podporządkować się innym;
   - masz problem z wyznaczaniem granic;
   - ....

2. Agresja.
   Reagujesz wybuchem złości i zrywasz kontakt, np. wychodzisz, bo:
   - twoja reakcja jest taka sama, jak atak, odbywa się swoiste odbijanie piłeczki („A ty to co? Też ciągle zapominasz!");
   - obrażasz się, nie odzywasz itp.;
   - ....

Ani reakcje uległe, ani agresywne nie rozwiązują problemu. Jedne i drugie mogą wręcz utrwalić relacje oparte na przemocy na zasadzie „sprawca – ofiara" lub stan ciągłej agresywnej wojny.

Zanim poznamy sposoby asertywnego wyznaczania granic, zastanówmy się, jakie są przyczyny trudności z cudzą złością, wyrażoną w sposób agresywny.

Cytat

„Rodzice stosują zazwyczaj surowe kary fizyczne, jednak w sposób niekonsekwentny, w zależności od własnego nastroju, od tego, czy w danej chwili zachowanie dziecka «działa im na nerwy», czy też nie. Niezwykle często wyśmiewają dzieci np. za ich niezaradność. (...) Samych rodziców charakteryzuje zazwyczaj niska samoocena, poczucie życiowej przegranej".

***Kazimierz Jankowski**, Od psychiatrii biologicznej do humanistycznej – dwadzieścia lat później*

Dzieci wychowujące się w takiej rodzinie mogą odgrywać role omówione w rozdziale 3.

Kasia, dziecko-bohater, z reguły reaguje ulegle, wybucha agresją tylko wtedy, gdy już dłużej nie jest w stanie wytrzymać. Z jej poczuciem obowiązku i odpowiedzialności czuje się winna i jest jej przykro, że nie spełnia oczekiwań – ktoś ją ostro krytykuje, więc jest beznadziejna! W swoim przeżywaniu jest za to zła na siebie. Boi się cudzej złości, bo według niej złość oznacza odrzucenie i negatywną ocenę. Przede wszystkim jednak boi się złości, dlatego że nie akceptuje jej w sobie. Nie wie, jak to jest odczuwać złość, bo zamieniła ją w lęk i poczucie winy – z tego powodu złość jest dla niej zagrażająca.

Paweł, kozioł ofiarny, zwykle reaguje agresywnie, gdy ktoś go urazi albo dotknie. W odpowiedzi na nieuzasadnioną jego zdaniem krytykę wręcz wybucha wściekłością, krzyczy, rzuca przedmiotami, przeklina. Potem długo jest obrażony, przeżywa doznaną niesprawiedliwość.

Dominika, dziecko we mgle, bardzo boi się agresywnych ataków. Wystarczy czyjeś drobne niezadowolenie, by kuliła się w sobie, wycofała i uciekła. Potem długo to przeżywa, w nocy budzi się z płaczem. Przeraża ją myśl, że ktoś mógłby być na nią zły. Obwinia siebie, ma nawet myśli samobójcze.

Lila, maskotka, w sytuacji, gdy ktoś ją niesprawiedliwie krytykuje, oburza się, broni szyderstwem, sarkazmem i ironią. Czasem odbija piłeczkę, wyśmiewając krytykującego, albo – chcąc ratować sytuację – obraca wszystko w żart. Ma utrudniony dostęp do własnej złości, bo – podobnie jak Kasia i Dominika – to uczucie jest dla niej straszne i przerażające, więc je wypiera, odcina się od niego i go nie akceptuje.

Małe dziecko bardzo boi się złości rodziców. Gdy matka z twarzą wykrzywioną złością nie odzywa się, unika kontaktu, dla dziecka jest to równoznaczne z przerażającą perspektywą odrzucenia: dziecko boi się, że może matkę utracić i bez niej zginie. Dziecięce lęki utrwalają się i przenoszą w dorosłość.

Konfrontacja z cudzą złością może nie być łatwa – jest jednak możliwa, pod warunkiem że pamiętasz o granicach, które istnieją pomiędzy tobą a innymi ludźmi. Będąc obiektem ataku lub nieuzasadnionej krytyki, doświadczasz zapewne wielu trudnych emocji, np.:

- popadasz w poczucie winy, robi ci się wstyd, że pewnie jesteś taki beznadziejny, jak mówią;
- robi ci się przykro, odczuwasz smutek, żal i poczucie winy;
- czujesz, że spotkała cię niesprawiedliwość;
- ogarnia cię złość, bo to przecież ewidentne wrzucanie kamieni do twojego ogródka!

Zapamiętaj

> W momencie, gdy targają tobą takie przykre uczucia, trudno jest pamiętać o tym, że – tak naprawdę – każda krytyka jest tylko czyjąś opinią i wyrażana jest z jego subiektywnego punktu widzenia.

Masz prawo czuć złość w sytuacji niesprawiedliwej, krzywdzącej krytyki. Takie uczucia, jak smutek, poczucie krzywdy i wina raczej cię osłabiają, bo nie dają ci odpowiedniej siły i energii do obrony. Agresywna obrona także nie rozwiązuje sytuacji. Dyskomfort pozostaje, mimo że staramy się odpierać ataki. Najbardziej skuteczne, jasne i czyste jest asertywne postawienie granic.

Poczucie krzywdy, żalu i winy może być echem dawnych doświadczeń z dzieciństwa, kiedy ważni dla nas dorośli niesłusznie i niesprawiedliwie nas karcili, krytykowali lub w inny sposób wyrażali brak akceptacji. Jako dziecko nie potrafiliśmy wtedy przeżywać rozczarowania i poczucia niesprawiedliwości inaczej niż ze smutkiem, i takie reakcje mogły się utrwalić i przenieść do dorosłego życia.

Przykład

Jagoda i Karol byli małżeństwem od 15 lat, oboje skończyli już czterdziestkę. Jagoda miała córkę z pierwszego małżeństwa. Przez kilka pierwszych lat małżeństwa nie mieli szczególnych problemów, chociaż Karol był wybuchowy, drażliwy i nie stronił od alkoholu. Prowadzili dosyć intensywne życie towarzyskie, choć spotykali się głównie ze znajomymi i rodziną Karola. Jagoda nie miała koleżanek ani własnego grona znajomych, czas dzieliła pomiędzy pracę i dom.

Jagoda była bardzo atrakcyjną kobietą, wyglądała młodo na swoje lata, choć nie była tego świadoma, głównie za sprawą Karola, który swój zły humor wyładowywał na niej, krytykując ją i poniżając.

„Zobacz, jaka jesteś stara, masz zmarszczki i brzuch ci wisi", mówił drwiąco. Jagodzie było przykro i smutno, miała poczucie małej wartości. Karol miewał zły humor zwykle po alkoholowych imprezach, które odbywały się praktycznie w każdy weekend. Często bywało tak, że niespodziewanie przyprowadzał do domu kolegów, a potem robił Jagodzie awanturę, że nie była odpowiednio przygotowana, np. w lodówce było za mało jedzenia. Ona, żeby uniknąć ataków, starała się przewidzieć jego zachowanie i oczekiwania, by tylko nie dawać powodów do awantur, nie słyszeć wyzwisk i poniżeń. Nie rozumiała, że tak naprawdę nie miała na to wpływu, bo czy coś zrobiła, czy nie, zawsze było źle. Przy tym wszystkim Karol notorycznie obarczał ją poczuciem winy. Na szczęście do czasu.

Jagoda przejrzała na oczy, gdy byli zmuszeni uśpić swojego starego schorowanego psa. Oboje bardzo go kochali, choć oczywiście przez ostatnie miesiące pielęgnowała go Jagoda: to ona musiała dużego psa wynosić na rękach lub sprzątać po nim, gdy przestał kontrolować swoje odruchy fizjologiczne. Decyzję o tym, żeby psa uśpić, podjęli oboje, po konsultacji z weterynarzem, z którym byli w stałym kontakcie. Nie było żadnej możliwości ratunku, a pies bardzo cierpiał. Jagoda głęboko to przeżyła, a po kilku dniach usłyszała od Karola, że „uśpiła psa, bo chciała się go pozbyć".

Wtedy po raz pierwszy naprawdę poczuła złość. Zarzut był tak niesprawiedliwy i bolesny, że coś w niej pękło i uznała, że tak dalej być nie może. Złość dała jej siłę i pozwoliła zmienić punkt widzenia całej sytuacji. Zrozumiała, że przez lata jej granice były przekraczane, że Karol na niej odreagowywał swój stres. Przyjrzała się ich związkowi jakby z boku i na wiele sytuacji spojrzała inaczej niż wcześniej.

Pewnego razu oboje udali się na spotkanie towarzyskie, wyjątkowo u rodziny Jagody. Karol tym razem nie był duszą towarzystwa, siedział trochę z boku. Na domiar złego wśród gości znalazł się ktoś, kto grał na gitarze i śpiewał, więc siłą rzeczy skupiał na sobie uwagę wszystkich pozostałych. Jagoda widziała, że Karolowi było to nie w smak, i z niepokojem czekała na rozwój wydarzeń. W pewnym momencie Karol nie wytrzymał i bardzo głośno, okropnie fałszując, zaczął śpiewać jakąś zupełnie inną piosenkę, starając się przekrzyczeć gitarzystę. Zapanowała ogólna konsternacja, Jagodzie było bardzo wstyd, ale nie miała odwagi powstrzymać męża. Gitarzysta coś zażartował, żeby rozładować sytuację, i po chwili impreza się skończyła.

Teraz już Jagoda spojrzała na sytuację inaczej niż dotychczas; zrozumiała, że agresywne reakcje Karola to był jego problem, a ona wcale nie musi się tym przejmować! Ma prawo do własnego zdania na swój temat i każdy inny.

Swoje przemyślenia zaczęła wprowadzać w czyn, zaczęła od wyznaczania granic. Gdy pewnego piątkowego popołudnia Karol oświadczył, że zaprosił kolegów na sobotę, Jagoda odpowiedziała, że nie ma ochoty brać udziału w ich imprezie. „Ale ja już ich zaprosiłem!", zawołał zaskoczony Karol. „Ależ proszę bardzo, bawcie się, ale ja wyjeżdżam na działkę".

Tak też zrobiła, zabrała córkę i pojechała na działkę. Karola zaskoczył spokój i stanowczość Jagody. Zniknęła gdzieś jej uległość, a on poczuł, że stracił kontrolę zarówno nad sytuacją, jak i nad Jagodą. Nie tak szybko Jagoda nauczyła się wyznaczać granice, bo przez lata poniżania straciła poczucie własnej wartości i musiała je w sobie odbudować.

Przykład Jagody i Karola pokazuje, jak ważna jest umiejętność rozdzielania problemów, która pozwala dystansować się od czyichś ataków i nieuzasadnionej krytyki. Aby jednak rzeczywiście „nie brać tego do siebie", musi być spełnionych kilka warunków. Ważne jest, abyś:

1. Umiał dokonać właściwej samooceny, miał własne zdanie na swój temat, od którego czyjeś opinie mogą odbijać się jak od tarczy.
2. Umiejętnie rozdzielał problemy, był świadomy, że agresywne ataki krytyczne wypływają z niezałatwionych problemów krytykującego, np. z jego niedowartościowania, a ty jesteś tylko pionkiem w grze.
3. Miał świadomość różnicy między oceną a opinią (patrz rozdział 5) i traktował opinię jako czyjeś przekonanie, a nie druzgocącą ocenę twojej osoby.
4. Pamiętał, że nie ma w tym twojej winy, nawet jeśli agresor próbuje ci wmówić, że „to przez ciebie tak reaguję, bo mnie zdenerwowałeś". To jego reakcja, on opowiada za swoją złość, a ty nie masz na to wpływu.
5. Stosował komunikat „ja" (więcej o nim w rozdziale 11), który pozwala na wypowiedź w twoim własnym imieniu, bez agresywnego oskarżania drugiej strony:

- mam inne zdanie na swój temat;
- uważam inaczej;
- nie zgadzam się, żebyś w ten sposób do mnie mówił.

6. Pamiętał, że czasem warto określić konsekwencje (czyli „przywołać zaplecze", patrz podrozdział *Asertywne wyrażanie trudnych emocji*), tak jak Jagoda, która nie miała ochoty na towarzystwo Karola i jego kolegów: „Nie chcę tego znosić, więc na ten czas pojadę na działkę".
7. Wiedział, że trudno jest radzić sobie z cudzą złością, gdy sam nie dajesz sobie prawa do złości, nie akceptujesz jej – wtedy czujesz strach i lęk, okazujesz uległość. Bywa, że jeśli boisz się własnej złości, to tym bardziej boisz się cudzej.

Twoja złość jest naturalna w przypadku ataku przeciwko tobie – może być twoją tarczą obronną.

Rys. 7.1. Złość twoją tarczą obronną

8. Pamiętał, że zawsze masz wybór: czasem w obliczu agresywnych ataków, jeśli nasze asertywne reakcje nie odnoszą skutku, można po prostu odejść, zerwać kontakty, wycofać się na ustalone pozycje. Nasi praprzodkowie niejednokrotnie w obliczu niebezpieczeństwa ratowali się ucieczką – to naturalna reakcja obronna i nie ma w tym nic złego.

9. Był świadom swojego prawa do obrony: bywa czasem tak, że agresywne reakcje przeradzają się w przemoc, gdzie jedna strona („silniejsza") stosuje różne formy przemocy wobec drugiej („słabszej"). Wtedy musisz bronić siebie, masz prawo zwrócić się o pomoc i konsekwentnie realizować swoje zapowiedzi:
   - „Jeśli nie przestaniesz (tu warto jasno określić, o co chodzi), zgłoszę ten fakt na policję, w prokuraturze, zawiadomię twoich rodziców" itd.;
   - w zależności od sytuacji wymieniasz inne ewentualności.

Istotne jest konsekwentne zrealizowanie zapowiedzi. Szersze przedstawienie zjawiska przemocy domowej czy mobbingu w pracy wykracza poza ramy niniejszego poradnika, warto jednak zapoznać się z literaturą na ten temat i korzystać z pomocy instytucji, które się tym zajmują (ich adresy można znaleźć np. w Internecie).

Asertywne reagowanie na uzasadnioną krytykę

Zadajmy sobie pytanie, dlaczego tak trudno jest nam przyjąć krytykę, nawet jeśli jest ona uzasadniona. Warto tutaj odwołać się do rozdziału 6, dotyczącego naszych oczekiwań wobec siebie samych i oczekiwań innych wobec nas.

Czasem jest tak, że krytykę, nawet uzasadnioną, odbieramy jako swoją porażkę, jako niespełnienie oczekiwań – a to wywołuje w nas ból i cierpienie. Uczucia te można porównać do bólu, jaki odczuwamy, gdy rozdrapiemy niezabliźnioną ranę. Poniekąd tak właśnie jest – to takie podrażnienie rany narcystycznej. Urazy narcystyczne budują się już we wczesnym okresie rozwoju dziecka.

Cytat

„Rana narcystyczna może przybierać ogromną liczbę specyficznych form, lecz zasadniczo powstaje wtedy, gdy otoczenie wymaga od jednostki, aby była czymś istotnie różnym od tego, czym faktycznie jest. Wyłaniająca się osoba otrzymuje najczęściej taką informację: «Nie bądź tym, kim jesteś, bądź tym, kim chcę, byś był. Ktoś, kim jesteś, rozczarowuje mnie, zagraża mi, złości mnie, zbytnio mnie pobudza. Bądź tym, czym chcę, a będę cię kochać (…)».

Kompensacja narcystyczna powstaje w odpowiedzi na uraz. Zawiera ona zakamuflowanie rozwoju na etapie wielkościowości, która – jako całkowicie nierealistyczna – jest niezwykle podatna na zranienie (...).

Osobę narcystyczną łatwo zrozumieć poprzez biegunowość, wielkościowość – bezwartościowość. Większość opisów osobowości narcystycznej koncentruje się na kompensującej stronie tej biegunowości – na cechach takich, jak brak pokory, niezdolności do zaakceptowania porażki, lęk przed bezradnością, tendencje do manipulacji, dążenia do władzy i narzucania swej woli. Niejeden charakter narcystyczny ujawnia biegun przeciwny (...): przyznaje się do głębokiego poczucia bezwartościowości, do nieznośnego przeświadczenia, że zawsze mu czegoś brakuje lub nigdy nie ma dość, do stałej potrzeby zapewniania sobie prowizorycznej wartości (...)".

Stephen Johnson, *Humanizowanie narcystycznego stylu*

Poczucie wielkościowej omnipotencji połączonej z bezradnością jest charakterystyczne dla okresu wczesnodziecięcego, lecz w sytuacjach doświadczania w tym okresie urazów – może również zostać utrwalone w życiu dorosłym.

Według Stephena Johnsona „ratunkiem dla osoby narcystycznej nie są osiągnięcia, jej wyjątkowość czy unikalność. «Dramat uzdolnionego dziecka» (Miller, 1981) polega na tym, że odkrywa ono swą ludzką zwyczajność. W tej zwyczajności leży jego zdolność do odczuwania prawdziwych ludzkich uczuć, nie zmienionych przez ich zinternacjonalizowaną akceptację lub odrzucenia przez rodziców. Z chwilą uzmysłowienia sobie swej zwyczajności dziecko może wyrazić swój talent po prostu jako talent. Ono nie jest talentem, ono jest w swoim człowieczeństwem".

Zapamiętaj

Aby móc naturalnie i swobodnie przyjąć uzasadnioną krytykę, warto dać sobie prawo do ludzkiej zwyczajności.

Ćwiczenie

Spróbuj zastanowić się, co czujesz, gdy spotykasz się z uzasadnioną krytyką własnej osoby:

- złości cię i jednocześnie boli, gdy czyjaś krytyka jest słuszna, bo to znaczy, że ten ktoś wie lub umie coś lepiej od ciebie;
- jest ci przykro, czujesz się winny i wstydzisz się, że czegoś nie wiesz lub nie umiesz wystarczająco dobrze;

- twoja samoocena bardzo się obniża i z powodu krytyki czujesz się mniej wart od innych;
- czyjąś krytykę – słuszną lub nie – traktujesz w kategoriach porażki, co cię złości i zasmuca;
- złości cię, więc jej zaprzeczasz, tłumaczysz się, obrażasz lub zupełnie nie chcesz przyjąć do wiadomości odmiennego punktu widzenia – przyjmujesz postawę agresywno-obronną;
- przyjmujesz ze zrozumieniem i spokojem, bo przecież nie jesteś w stanie wszystkiego robić doskonale, a konstruktywna krytyka może przynieść ci korzyści w przyszłości.

Ostatnia reakcja jest reakcją asertywną. Aby jednak potrafić tak zareagować, powinieneś dać sobie prawo do niewiedzy, do nieustannego uczenia się i popełniania błędów.

Przykład

Jeden z twórców polskiej psychoterapii prowadził cykl zajęć ze studentami w zakresie treningu psychologicznego. W pewnym momencie pewna studentka zadała mistrzowi pytanie w rodzaju: „Co by było, gdyby…?". Mistrz zamilkł na chwilę, po czym powoli odpowiedział: „No nie wiem, muszę się zastanowić…". W tym momencie studentka doznała olśnienia: taka wielka sława, uznany mistrz przyznaje się publicznie, że musi chwilę pomyśleć, aby udzielić odpowiedzi! To jest właśnie prawdziwa wielkość, skromność i pokora wobec wiedzy! Zrozumiała, że siła i spokój kompetencyjny pozwala dać sobie prawo do bycia zwykłym człowiekiem, z wszystkimi ograniczeniami i możliwościami.

Podsumowanie

1. Możemy doświadczać różnych form ukrytej agresji, której sygnałem rozpoznawczym może być odczuwany przez nas dyskomfort.
2. Ukryta agresja może być wyrażana na różne sposoby: sarkazmem, ironią, żartami z kogoś, pouczaniem, moralizowaniem, obrażaniem się, udzielaniem tzw. dobrych rad, plotkowaniem itd.
3. Można sobie wyobrazić, że do naszego symbolicznego ogródka ktoś wrzuca kamyki – mamy wtedy prawo bronić się i powiedzieć „stop"; mamy prawo czuć się bezpiecznie na swoim terytorium.
4. Łatwiej jest nam stawić czoła jawnej, otwartej wrogości, nieuzasadnionej krytyce czy atakom, gdy zaakceptujemy swoją własną złość, którą mamy w sobie. Wtedy łatwiej jest nam radzić sobie z cudzą złością.
5. Aby skutecznie przeciwstawiać się atakom, potrzebna jest odpowiednia samoocena: poczucie własnej wartości, świadomość własnych granic i prawa do ich obrony, złagodzenie lęku przed krytyką i oceną.
6. Ważna jest umiejętność rozdzielania problemów: świadomość, że cudze reakcje agresywne są ich problemem, wynikają z ich osobistych trudności, że nie ponosimy winy za ich reakcje.
7. Jeśli inne możliwości zawiodą, oddalenie się także może być reakcją asertywną.
8. Przeszkodą w przyjmowaniu konstruktywnej krytyki mogą być urazy z wczesnego dzieciństwa, rany narcystyczne, powodujące wyobrażenie wielkościowe i podatność na zranienie.
9. Trudności w przyjęciu uzasadnionej, konstruktywnej krytyki można pokonać, dając sobie prawo do popełniania błędu, do bycia zwyczajnym człowiekiem.
10. Akceptacja swojej naturalności i „zwyczajności", tego, że wszyscy mamy mocne i słabe strony, pozwala wyzbyć się nierealistycznych oczekiwań wobec siebie oraz przyjmować uzasadnioną krytykę spokojnie i ze zrozumieniem.

Rozdział 8

Twoje granice – twoje terytorium

Z tego rozdziału dowiesz się:

- co ci mówi twoja złość;
- jak asertywnie wyrazić trudne emocje;
- jak podawać informacje z pozycji Wewnętrznego Dorosłego.

Informacyjna funkcja złości – intruz na moim terytorium

W poprzednim rozdziale dowiedziałeś się, że akceptacja własnej złości jest jednym z warunków radzenia sobie ze złością innych osób. Często jednak mamy z tym kłopoty, co widać szczególnie wyraźnie w kontekście licznych mitów, stereotypów i zaprzeczeń dotyczących złości (patrz rozdział 2).

Złość niewątpliwie jest emocją niosącą ze sobą energię, ale zarazem rodzi obawę, że ta energia przemieni się w wulkan, który nie wiadomo kiedy wybuchnie. Jawi się jako obca, nieokiełznana siła, na którą nie mamy wpływu, wobec czego wolimy ją stłumić, schować, udawać, że jej nie ma. Tłumimy złość również wtedy, gdy nie dajemy sobie do niej prawa, nie pozwalamy sobie na jej przeżywanie.

Zastanówmy się zatem, w jakich sytuacjach pojawia się złość, co się wtedy dzieje, jakie emocje przeżywamy.

Sytuacja	Informacja	Emocje
Kolega z pracy wypowiada ironiczne uwagi na twój temat – dowiadujesz się o tym od innych osób.	Twoje granice zostały przekroczone, terytorium zagrożone.	Złość, gniew, niechęć do niego, rozczarowanie, bo mu ufałeś.
Zostałeś wezwany do szkoły na rozmowę z wychowawcą twoich dzieci, które coś przeskrobały.	Dzieci nie spełniły twoich oczekiwań – chciałbyś uniknąć kłopotów wychowawczych, wolałbyś, żeby dzieci ich nie sprawiały.	Złość do dzieci, złość do nauczycieli, złość na siebie i strach, czego się dowiesz w szkole.
Zwierzchnik mówi ci, że nie dość dobrze wykonałeś swoją pracę.	Oczekiwałeś pochwały – a tu rozczarowanie. Niespełnione oczekiwanie stanowi zagrożenie twojego terytorium.	Złość, rozczarowanie, może też wstyd i poczucie winy.

Chciałbyś, żeby żona więcej czasu spędzała w domu, uważasz, że zbyt wiele pracuje.	Twoje oczekiwania nie są spełnione.	Złość, rozczarowanie, poczucie odrzucenia.
Ktoś z krewnych ingeruje w twoje życie: mówi ci, co masz robić, niepytany o zdanie udziela dobrych rad.	Wkracza na twoje terytorium.	Złość, gniew, poczucie niezrozumienia, poczucie niższej wartości.
Chciałbyś komuś bliskiemu opowiedzieć o ważnej dla ciebie sprawie, a on przerywa ci w pół słowa.	Niespełnione oczekiwania: przerywając ci, zamiast wysłuchać, narusza twoje granice.	Złość, niechęć, może wycofanie z kontaktu, rozczarowanie, poczucie niezrozumienia.
Opowiadasz komuś bliskiemu o sytuacji w pracy, a on bierze w obronę twojego przeciwnika, ciebie zaś strofuje.	Oczekiwałeś wsparcia, a ktoś bliski stanął po przeciwnej stronie.	Złość, rozczarowanie, poczucie przykrości.
Pożyczyłeś komuś pieniądze, a on zwleka z oddaniem, unika kontaktu.	Oczekiwałeś rzetelnego wywiązania się z umowy, twoje granice zostały naruszone.	Złość, gniew, może poczucie wykorzystania.
Zwracasz się do kogoś z prośbą o coś, a on odmawia.	Twoje oczekiwania nie zostały spełnione.	Może pojawić się złość, rozczarowanie.
Ktoś cię strofuje i poucza, mówi: „Bo ty zawsze…”, „Bo ty nigdy…”.	Oczekiwałeś akceptacji i zrozumienia, a ktoś narusza twoje granice.	Złość, rozczarowanie, niechęć, poczucie niezrozumienia.

Próbujesz coś zrobić i ci się nie udaje.	Oczekiwałeś, że ci się uda.	Złość, czasem zniechęcenie, niekiedy chęć podjęcia innych prób rozwiązania trudności.
Przegrywasz w zawodach sportowych.	Chciałeś wygrać.	Złość, czasem poczucie niesprawiedliwości.

Jak widać z powyższych przykładów, złość pojawia się wtedy, gdy doświadczasz jakiegoś braku, ograniczenia, niespełnienia oczekiwań, naruszenia swoich granic, inwazji na swoje terytorium. Przeżywaniu złości towarzyszą różne reakcje fizjologiczne: czerwienienie lub blednięcie twarzy, przyśpieszone bicie serca, wzrost ciśnienia krwi, pocenie się.

Złość można wyrażać na różne sposoby:

- **Ulegle, pasywnie:** tłumienie złości, zaprzeczanie jej, ukrywanie uczuć, odreagowanie w inny sposób, np. używki (alkohol, papierosy), objadanie się.
- **Agresywnie:** wybuchanie, atakowanie, odwet, zemsta, odreagowywanie „nie wprost", czyli obrażanie się, wycofanie w milczenie, ironizowanie.
- **Asertywnie:** konstruktywna konfrontacja poprzez przedstawienie swoich odczuć i wyjaśnienie problemu.

Cytat

„Utrzymujące się dłużej trudne sytuacje wywołują stany napięć emocjonalnych, które nazywamy frustracją. W sytuacjach takich występują zaburzenia w zachowaniu osobnika w postaci nieprzewidywalnych reakcji, np. reakcji gwałtownych, agresywnych (...). Jeśli napięcie emocjonalne w sytuacjach trudnych powtarza się i utrzymuje dłużej, powstaje stan stresu, w którym zachodzą różnorodne zmiany, w tym zmiany komórkowe i naczyniowe (...), znaczne powiększenie i zgrubienie naczyń, wywołane wysokim ciśnieniem krwi".

***Włodzimierz Szewczuk**, Atlas psychologiczny*

Z tego wynika, że zarówno tłumienie i wypieranie złości, jak i gwałtowne jej wyrzucanie z siebie może być szkodliwe dla nas i otoczenia.

Skierowanie złości

Uległe (do środka)

- stres
- frustracja
- zmiany komórkowe
- zmiany naczyniowe
- choroby psychosomatyczne
- stany smutku, przygnębienia
- stany depresyjne

Agresywne (na zewnątrz)

- stres
- frustracja
- podniesione ciśnienie krwi
- trudności i szkody społeczne, międzyludzkie
- szkody emocjonalne – wstyd, poczucie winy
- czasem konsekwencje prawne

Rys. 8.1. Skierowanie złości

Pozostaje więc zaakceptować zjawisko pojawiania się złości i spróbować nauczyć się wyrażać ją w sposób asertywny.

Mogą zdarzyć się sytuacje, w których reagujesz złością – obiektywnie rzecz biorąc – nieadekwatnie wielką do bodźca. Z pozoru drobne zdarzenie może wywołać lawinę emocji. Można przypuszczać, że doświadczasz agresji frustracyjnej. To pozornie drobne zdarzenie może przypominać ci analogiczną sytuację z przeszłości, podobne potraktowanie ciebie przez kogoś ważnego. Dawnego zdarzenia możesz już nie pamiętać, ale pozostały po nim ślady w postaci objawu, czyli np. gwałtownych reakcji emocjonalnych wywołanych nieuświadomionym przypomnieniem dawnych, wczesnodziecięcych frustracji. Są to reakcje przeniesione z czasów, kiedy być może twoje potrzeby psychiczne nie zostały zaspokojone w wystarczającym stopniu lub wręcz doświadczałeś ich deprywacji.

Taka gwałtowna reakcja emocjonalna powstaje w środkowej ewolucyjnie części mózgu, czyli w mózgu ssaczym (patrz podrozdział *Umiejętność rozpoznawania emocji*). Jest szczególnie intensywna w sytuacji stresu, zagrożenia, frustracji. Może być jednak kontrolowana przez korę mózgową, najmłodszą ewolucyjnie strukturę mózgu, odpowiadającą m.in. za kontrolowanie silnych uczuć, rozwiązywanie problemów, twórczość i wyobraźnię, myślenie oraz dokonywanie wyborów. Jeśli np. doświadczasz silnego przypływu złości i reagujesz natychmiast, impulsywnie

– jest to reakcja sterowana impulsami płynącymi z mózgu ssaczego. Kora mózgowa nie zdąży wysłać sygnału, który mógłby ograniczyć reakcję, spowodować konstruktywne rozwiązanie problemu.

Szczególnie trudno jest reagować racjonalnie w sytuacji, w której doświadczasz zjawiska przeniesienia przeżycia z okresu dzieciństwa. Jeśli małe dziecko jest poniżane, zaniedbywane czy upokarzane, to doświadczenia te zapisują się w jego mózgu ssaczym; kora mózgowa nie jest jeszcze wtedy całkowicie wykształcona. Dziecku jest trudno wyrazić słowami to, co czuje, ale te uczucia zapisują się w jego pamięci emocjonalnej, często bez zapamiętywania samego zdarzenia.

Przykład

Małgosia wymarzyła sobie, że w piątkowy wieczór wybierze się z mężem do kina. Nie była pewna, czy będzie to możliwe, bo mąż za kilka dni musiał oddać ważne sprawozdanie, na którego przygotowanie potrzebował dużo czasu. W środę powiedział, że może mu się uda. Małgosia z niepokojem oczekiwała piątku. W piątek po powrocie z pracy mąż oświadczył jednak, że wyniknęły nieprzewidziane problemy i nie może wyjść do kina, musi pracować nad sprawozdaniem. „Co takiego?! Obiecałeś! Nie, to nie!", wykrzyknęła i wybiegła z pokoju, trzaskając drzwiami.

Sytuacja z wyjściem do kina była dla Małgosi takim przeniesieniem zdarzenia z czasów dzieciństwa, gdy rodzice dla świętego spokoju obiecywali jej wiele, ale nie dotrzymywali słowa. Mała Małgosia czuła się wtedy smutna, rozczarowana i zła. Wprawdzie teraz mąż nie obiecał na pewno, ale ona miała nadzieję, że jednak się uda. Gdy okazało się, że wyjście do kina jest niemożliwe, powróciło silne rozczarowanie i złość.

Zapamiętaj

Dawne wydarzenia już minęły. Jako dziecko nie byłeś w stanie poradzić sobie z trudnymi emocjami – jako dorosły masz prawo zadbać o siebie i konstruktywnie rozwiązać problem.

Asertywne wyrażanie trudnych emocji

Trening asertywnego wyrażania złości warto zacząć od odpowiedzi na następujące pytania:

- Czy akceptujesz fakt, że złość jest naturalną emocją, ani dobrą, ani złą, i pozwalasz sobie na to, by ją odczuwać?
- Jakie uczucia wywołuje w tobie kontakt z własną złością (akceptacja, zrozumienie, strach, wstyd itd.)?
- Jakie uczucia wywołuje w tobie kontakt z cudzą złością (strach, lęk, przerażenie, zrozumienie, przyzwolenie, obojętność itd.)?

Podstawą asertywnego wyrażania złości jest zaakceptowanie jej w sobie i innych, traktowanie jej jako normalnego, zwyczajnego uczucia.

Bardzo ważny jest s p o s ó b w y r a ż a n i a złości: słowa, postawa ciała, ton głosu. Aby nauczyć się skutecznie wyrażać trudne emocje, potrzebna jest umiejętność stosowania tzw. komunikatu „ja".

Częstym błędem, tworzącym barierę komunikacyjną, jest stosowanie komunikatu „ty". Podana niżej wymiana zdań ilustruje takie właśnie komunikaty „ty":

- Bo ty nigdy po sobie nie sprzątasz!
- A ty to co? Też nie sprzątasz!

Komunikat „ty" stanowi wtargnięcie na cudze terytorium, nie tylko więc nie sprzyja, ale wręcz uniemożliwia skuteczne porozumienie. Zawiera krytyczną ocenę drugiej osoby, wobec czego budzi złość i chęć obrony.

Innym błędem jest zarzucanie innym, że nas zezłościli, np.:

- Bo on mnie zdenerwował.
- Ty mnie zezłościłeś.
- Oni mnie wyprowadzili z równowagi.

Nie ma możliwości, żeby „ktoś nas zezłościł". To my odpowiadamy za własne emocje i my możemy się zezłościć. Odpowiedzialność ponosi ten, kto przeżywa – i warto dać sobie na to zgodę. Tu znów dotykamy kwestii rozdzielania problemów: „To mój problem, moja sprawa, że czuję złość".

Zamiast:	Mówimy:
On m n i e zezłościł.	J a zezłościłem się na niego.
Ty m n i e wyprowadziłeś z równowagi.	J a wyprowadziłem się z równowagi.
Ty m n i e zdenerwowałeś.	J a zdenerwowałem się na ciebie.

Komunikat typu „ty mnie zezłościłeś" wzbudza również złość w rozmówcy, bo ingeruje w jego terytorium. Zarazem wywołuje poczucie winy, które także może być podłożem złości i, ogólnie, wprowadzać dyskomfort.

Natomiast komunikat „ja jestem zły na ciebie" („odczuwam do ciebie złość" i podobne) jest jasny i konkretny, nie zawiera podtekstów ani ukrytych znaczeń, po prostu wyraża twoje emocje, bez oskarżania i krytykowania rozmówcy.

Spróbuj zamienić powszechnie stosowane, lecz nieskuteczne komunikaty „ty" na komunikaty „ja". Kilka przykładów znajdziesz w tabelce poniżej.

Komunikaty „ty"	Komunikaty „ja"
Oni mnie zezłościli, bo cała klasa nie odrobiła zadania.	Ja się zezłościłam, bo cała klasa nie odrobiła zadania (oczekiwałam, że odrobią).
Jurek mnie zezłościł, bo nie przyjechał na czas.	Ja zezłościłam się na Jurka, bo nie przyjechał na czas (oczekiwałam, że będzie punktualny).
Ty mnie zezłościłeś, bo ironicznie wypowiadałeś się o mojej przyjaciółce.	Czuję złość (jestem zła) na ciebie, bo ironicznie wypowiadałeś się o mojej przyjaciółce (ingerencja w moje granice).

Najskuteczniejszy jest schemat:

Czuję .... , kiedy ty .... , ponieważ .... , oczekuję ....

Oczywiście, w codziennym życiu rzadko kiedy użyjemy sformułowania „czuję złość", bo brzmiałoby to sztucznie i nienaturalnie. Częściej mówimy: „Jestem zła" lub „zezłościłam się", ale może warto spróbować zmienić sposób wyrażania się – to też jest ważne.

Gdy ktoś ma kłopot z akceptowaniem złości, często mówi, że jest mu przykro, np.:
- „Przykro mi, że nie zdążyłeś na nasze spotkanie".
- „Przykro mi, że nie posprzątałeś pokoju".
- „Sprawiłeś mi przykrość tym, że nie dotrzymałeś słowa".

Określenia typu „przykro mi" lub „sprawiłeś mi przykrość" wzbudzają poczucie winy, więc nie służą konstruktywnemu rozwiązaniu problematycznej sytuacji. Co więcej, jak było już powiedziane, pod takimi emocjami, jak przykrość czy rozczarowanie, tak naprawdę kryje się złość.

W trakcie przeżywania i wyrażania złości warto:
- **Dać sobie trochę czasu na ochłonięcie, uspokojenie się i odzyskanie kontroli.**
  Pod wpływem stresu wydziela się w organizmie adrenalina i noradrenalina (czasami czujemy, jak fala hormonów rozchodzi się po całym ciele), przygotowując ciało do reakcji na zagrożenie. Odraczając naszą reakcję w czasie, pozwalamy, żeby związki chemiczne rozproszyły się, a wyższe struktury mózgu mogły przejąć kontrolę nad niższymi.

  Jeśli działasz natychmiast, impulsywnie, to jest większe prawdopodobieństwo, że zareagujesz agresywnie i powiesz coś, czego później możesz żałować.

- **Stosować komunikat „ja".**
  Mówienie w swoim imieniu i o swoich uczuciach pozwala wyrazić to, co czujesz, z szacunkiem dla cudzych granic, bez atakowania cudzego terytorium.

- **Mówiąc, utrzymywać kontakt wzrokowy, mieć wyprostowaną postawę ciała, podniesioną głowę.**
  Warto, żeby sygnały niewerbalne, które wysyłasz, były spójne z tym, o czym mówisz. Jeśli mówisz stanowczo i z przekonaniem, to samo powinno przekazywać twoje ciało.

  Ton głosu powinien być spokojny, ale stanowczy: ani zbyt uległy, ani agresywny.

- **Zastosować np. procedurę czterech kroków Pameli Butler.**
  - **Krok I – udzielenie informacji:**
    Prosisz drugą osobę, by zmieniła swoje zachowanie (używając komunikatów „ja", „mnie" itp.).
  - **Krok II – wyrażenie uczuć:**
    Jeśli krok pierwszy zawiedzie, daj wyraz swojemu niezadowoleniu i opisz emocje, jakie w tobie wzbudza zachowanie drugiej osoby. Wyraź ponownie, lecz dobitniej, swoje oczekiwania.
  - **Krok III – przywołanie zaplecza:**
    Jeśli pomimo twoich komunikatów druga osoba nie zmienia swojego zachowania, poinformuj ją, co zamierzasz zrobić, jeśli nadal będzie upierać się przy swoim. Nazywa się to przywołaniem zaplecza.
  - **Krok IV – skorzystanie z zaplecza:**
    Jeśli sytuacja nie zmieni się, nie pozostaje ci nic innego, jak wcielić w życie to, co zapowiedziałeś.

Komunikacja według analizy transakcyjnej (z pozycji Wewnętrznego Dorosłego)

Zgodnie z koncepcją analizy transakcyjnej (patrz rozdział 4) porozumienie w relacjach międzyludzkich można najpełniej osiągnąć, gdy stosuje się tzw. transakcje komplementarne (uzupełniające). Jest to szczególnie ważne w tak delikatnej kwestii, jak wyrażanie trudnych emocji.

Gdy w grę wchodzą emocje i ich wyrażanie, warto porozumiewać się z pozycji wewnętrznego dorosłego.

U każdego z nas występuje dominacja któregoś ze stanów „ja" i w sytuacjach stresowych reagujemy automatycznie właśnie z tej pozycji, np. z pozycji Rodzica Karcącego (krytykując bądź oceniając) lub Dziecka Spontanicznego (głośno i impulsywnie wyrażając emocje).

Natychmiastowe, impulsywne reakcje pochodzą z ośrodka w mózgu, odpowiadającego za emocje, zwanego ciałem migdałowatym. To tam przechowywane są emocje wywołane przez przeżycia, głównie te z wczesnego okresu rozwojowego. Silny bodziec emocjonalny wydobywa z pamięci reakcje zapamiętane w tamtym okresie. Obecnie wiadomo, że nie jest to ostateczny model reagowania, bo nasze emocje i umiejętność ich regulowania kształtują się przez całe życie.

Spróbujmy przeanalizować podobne komunikaty, ale wysłane z różnych stanów ego.

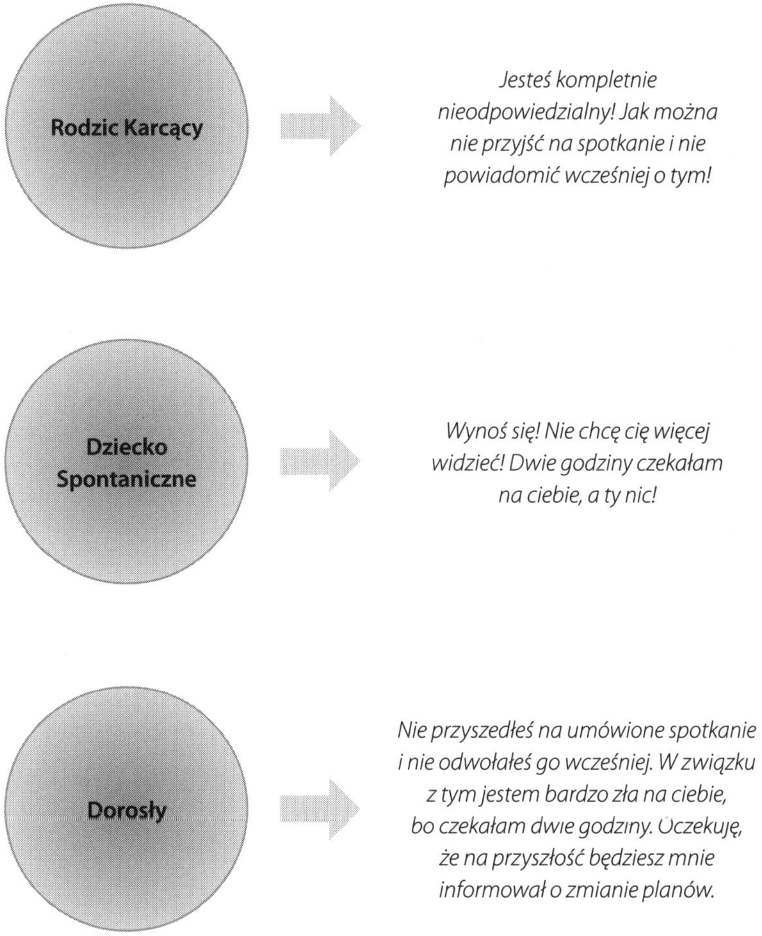

Rys. 8.2. Komunikaty wysyłane z różnych stanów ego

Z pozycji Wewnętrznego Dorosłego można:
- określić konkretne fakty;
- wyrazić swoje emocje;
- przedstawić swoje oczekiwania.

Dlatego gdy przeżywamy silne emocje, warto dać sobie chwilę czasu na ochłonięcie, by mieć możliwość przejścia do stanu Wewnętrznego Dorosłego i zareagować z tej pozycji.

Istotny jest fakt, że mamy wtedy wpływ nie tylko na nasze reakcje, lecz także na reakcje naszego rozmówcy. Odpowiadając z pozycji Dorosłego na komunikaty płynące z innych stanów ego, mamy możliwość otrzymania informacji zwrotnej także z pozycji Dorosłego.

Osoba A: Jak można zostawić po sobie taki bałagan! Czy ty nigdy nie nauczysz się porządku? (pozycja Rodzica Karcącego)
Osoba B: Rozumiem, że ci to przeszkadza. (pozycja Dorosłego)
Osoba A: Tak. Chciałbym, żebyś sprzątał swoje rzeczy. (pozycja Dorosłego)

Osoba A wyraziła swoje niezadowolenie, wysyłając komunikat ze swojego stanu Rodzica Karcącego, ale ponieważ otrzymała od osoby B informację zwrotną z pozycji Dorosłego (obiektywne zrozumienie) – także odpowiedziała z pozycji Dorosłego.

Grażyna Tallar w swojej książce *ABC inteligencji emocjonalnej w praktyce* określiła model porozumienia, na który składają się następujące działania:
1. Ustalenie i zrozumienie celu komunikacji.
2. Zrozumienie, że ludzie reagują tak, jak my ich traktujemy.
3. Unikanie instrumentalnych reakcji, powracanie do transakcji Dorosły – Dorosły.
4. Odwołanie się do odpowiedzialności rozmówcy poprzez zadawanie pytań.

Podsumowanie

1. Informacyjna funkcja złości polega na tym, że dzięki niej możesz rozpoznać, iż twoje granice zostały przekroczone lub że nie zostały spełnione twoje oczekiwania.
2. Agresywny lub uległy sposób wyrażania złości powoduje szkody emocjonalne, zdrowotne i społeczne.
3. Gwałtowne reakcje mogą być skutkiem dawnych doświadczeń, emocjonalnym przypomnieniem przeżyć z okresu dzieciństwa.
4. Wczesne przeżycia zapisują się w mózgu „ssaczym" – środkowej ewolucyjnie części mózgu.
5. Właściwa dla *homo sapiens* kora mózgowa odpowiada m.in. za kontrolowanie emocji i konstruktywne rozwiązywanie problemów.
6. Asertywne wyrażanie trudnych emocji to konstruktywna konfrontacja poprzez przedstawienie swoich odczuć i wyjaśnienie problemów.
7. Należy powstrzymać się od natychmiastowych reakcji, by kora mózgowa mogła przejąć kontrolę nad ośrodkiem odpowiadającym za reakcje emocjonalne.
8. Warto mówić o swoich emocjach, stosując komunikat „ja", by nie naruszać cudzych granic poprzez krytyczną ocenę danej osoby.
9. W przeżywaniu i wyrażaniu złości skuteczna może być procedura czterech kroków opracowana przez Pamelę Butler.
10. Wyrażając emocje, warto komunikować się z pozycji Dorosłego, nawet jeśli rozmówca wysyła komunikaty z innych stanów ego.

Rozdział 9

Szacunek dla terytorium innych osób

Z tego rozdziału dowiesz się:

- jakie mechanizmy powodują, że czasem naruszasz granice innych osób;
- czym są mechanizmy kontroli i dlaczego czujesz potrzebę kontrolowania ludzi i sytuacji;
- jak powstrzymywać się od przekraczania cudzych granic.

Naruszanie granic

Wtargnięcie na cudze terytorium może mieć postać różnych, nawet pozornie drobnych niuansów komunikacyjnych. Często osoby, które naruszają cudze granice, mają dobre intencje i nie są świadome, że posuwają się za daleko.

Zastanówmy się, jak takie zjawisko rozpoznać. Kiedy przekraczamy granice innych osób? Może to być np.:

1. **Przerywanie wypowiedzi innych osób:** koniecznie chcesz powiedzieć swoje zdanie, ale gdy koncentrujesz się na tym, co sam chcesz powiedzieć, właściwie nie słuchasz tego, co mówi rozmówca i nie masz możliwości zrozumienia go.
2. **Decydowanie za inne osoby:** naukę podejmowania decyzji zaczynamy już od wczesnego dzieciństwa (szerzej o tym w rozdziale 14). Czasem wydaje ci się, że wiesz lepiej, co dla kogoś innego jest dobre, skuteczne, właściwe, ale wtedy nie dajesz drugiej osobie możliwości doświadczenia własnej sprawczości. Powstaje wówczas relacja „Ja jestem OK – ty nie jesteś OK" (patrz podrozdział *Pozycje interpersonalne*), co oznacza, że tę osobę odbierasz jako kogoś słabszego, gorszego, głupszego od siebie. Twoją intencją jest np. chęć udzielenia mu pomocy, ale w konsekwencji nie dajesz mu szans na samodzielność.
3. **Moralizowanie, krytykowanie, ocenianie, uogólnianie** – to przykłady barier komunikacyjnych, sposobów wyrażania swoich poglądów w taki sposób, jaki budzi złość lub poczucie winy. Czasem ludzie, nie znając istoty zagadnienia, wypowiadają się autorytatywnie:
   - „Lekarze zupełnie nie przejmują się pacjentem, interesują ich tylko pieniądze".
   - „Nauczyciele to mają lekką pracę. Posiedzą trochę, coś tam opowiedzą i mają wakacje".

   Takie i podobne stwierdzenia pokazują, że odbieramy siebie i innych z pozycji „Ja jestem OK – ty nie jesteś OK".
4. **Narzucanie swojej woli, wydawanie rozkazów, udzielanie rad:** w takich sytuacjach wyraźnie widać brak respektowania praw innych osób do stanowienia o sobie, uwidacznia się też sposób odbierania siebie jako kogoś lepszego, ważniejszego niż inni ludzie.
5. **Niedotrzymywanie ustaleń, spóźnianie się i podobne sytuacje** wywołują w tobie niemiłe odczucie „płynności granic". Czujesz złość, niechęć, jesteś zdezorientowany. Wygląda na to, że osoba, która tak postępuje, sama prowokuje innych do tego, by się na nią złościli.

6. **Wszelkie zachowania agresywne.** Były one szerzej omówione w poprzednich rozdziałach. Wszystkie odmiany zachowań agresywnych – jawnych i ukrytych – są naruszeniem granic.
7. **Ingerowanie w cudzą własność,** np. poprzez czytanie cudzej korespondencji, branie cudzych rzeczy bez pytania itd.
8. **Naruszanie granic bliskości fizycznej.** Może to być np. dotykanie drugiej osoby, przytulanie jej, gdy sobie tego nie życzy lub się nie spodziewa, natarczywe patrzenie w oczy, poklepywanie po ramieniu itp. Mówimy tu o zwykłych, codziennych sytuacjach, w których osoba postępująca w ten sposób nie zawsze jest świadoma, że przekracza granice.
9. **Manipulacja** – rozumiemy ją tutaj jako wszelkiego rodzaju sposoby osiągania tego, czego chcesz, w sposób pokrętny, nie wprost, bez jasnego i konkretnego przedstawienia oczekiwań.

Warto zastanowić się, dlaczego mamy tendencję do decydowania za innych, narzucania im swojej woli, udzielania rad, wydawania opinii, oceniania. Jednocześnie zaś możemy być bardzo wrażliwi na podobne zachowania wobec nas samych.

Zapamiętaj

Naruszanie granic innych osób może wynikać ze skłonności do przejmowania odpowiedzialności za nich i być skutkiem trudności z rozdzielaniem problemów.

Mechanizm kontroli

Potrzeba sprawowania kontroli nad ludźmi i sytuacjami wynika z nadmiernego poczucia odpowiedzialności za innych, braku zaufania do nich i wiary, że sami potrafią sobie poradzić, z przejmowania na siebie problemów innych osób. Jednocześnie może być przejawem tendencji wielkościowych, paradoksalnie powiązanych z poczuciem małej własnej wartości.

Mechanizm kontroli występuje często u osób z syndromem dziecka-bohatera (patrz podrozdział *Dziecko-bohater*). Wzrastają one w przekonaniu, że same muszą wszystkiemu podołać, że to na nich spoczywa ciężar odpowiedzialności i nikt nie zadba o wszystko tak dobrze, jak one. Kontrolują więc i sprawdzają wszystko i wszystkich, w ten sposób budując swoje poczucie bezpieczeństwa, gdyż brak rozpoznania i wpływu na sytuację wydaje się im zagrażający (podobnie jak przedstawionej w rozdziale 3 Kasi, która musiała mieć się na baczności i uważnie obserwować rodzinę, by w porę zapobiec ewentualnym kłopotom).

Potrzeba kontrolowania i przejmowania odpowiedzialności może przejawiać się w różny sposób:

1. Dorota wolała pojechać z partnerem w daleką trasę, bo zostając w domu, martwiłaby się, że coś mu się stało. Będąc przy nim, była spokojniejsza – wiedziała, co się dzieje.
2. Adam, gdy naprawia rower z synem, zwykle mówi: „Zostaw to, bo zepsujesz, ja to zrobię lepiej".
3. Helena, rozmawiając z córką, strofuje ją i poucza, mówiąc: „Ja ci tylko daję dobre rady".
4. Marta, odwiedzając syna i synową, przestawia różne drobne przedmioty, mówiąc: „Ten wazonik tu będzie lepiej wyglądał".
5. Dyrektor zajmuje się sprawami, które mogliby załatwić jego pracownicy, ale uważa, że oni nie zrobią tego tak dobrze, jak on. Jest przy tym zmęczony, zestresowany i sfrustrowany.
6. Magda urządza dorastającemu synowi awantury o bałagan w pokoju. Twierdzi, że nie może patrzeć na te stosy papierów na biurku. On uważa, że doskonale wie, gdzie co jest, natomiast niczego nie może znaleźć, gdy matka mu posprząta.

W przytoczonych przykładach kwestia kontroli i rozdzielenia problemów może być inaczej widziana z perspektywy tej drugiej osoby:

1. Tak naprawdę Dorota nie ma wpływu na to, co się stanie, niezależnie od tego, czy będzie o tym wiedziała, czy nie.
2. Adam nie pozwala synowi na samodzielność, buduje poczucie własnej wartości jego kosztem. Nie pozwala mu też na doświadczenie sukcesu i poczucia własnej sprawczości, gdyby udało mu się niemal samodzielnie, z pomocą ojca, naprawić rower.
3. Córka Heleny wolałaby samodzielnie podejmować decyzje, a od matki usłyszeć czasem słowo akceptacji.
4. Synowa Marty odbiera jej uwagi dotyczące wystroju wnętrza jako wtrącanie się, wolałaby sama urządzać dom.
5. Dyrektor ma kłopot z przenoszeniem uprawnień na pracowników. W konsekwencji oni nie czują się odpowiedzialni za swoje zadania, a on – ingerując w ich kompetencje – nie daje im szansy na wykazanie się umiejętnościami. Przy tym ma poczucie, że wykorzystują jego dobroć.
6. Syn odbiera ingerencję matki jako atak na swoje terytorium, złości go to i przeszkadza mu. Chciałby posprzątać na swoim biurku po swojemu.

Podobne przykłady można by mnożyć. Warto zadać sobie pytanie, dlaczego ktoś narusza cudze granice. Co z tego będzie miał, choćby sobie tego nie uświadamiał? Może to być np. poczucie, że sprawowanie kontroli daje w pewnym sensie władzę nad innymi i wpływ na nich. Także zwiększa poczucie własnej wartości, bo jeśli musisz komuś doradzać, pomagać, kierować nim, to znaczy, że on jest gorszy, a ty lepszy, czyli ty jesteś OK, a on nie.

Pojęcie kontroli łączy się z poczuciem wpływu na własne życie lub jego brakiem.

Cytat

„Dziecko posiada wewnętrzne centrum kontroli, kiedy ma poczucie panowania nad swoim (...) środowiskiem. Wierzy ono, że własne czyny przynoszą pozytywne lub negatywne konsekwencje dla jego życia. Odmiennie ma się rzecz z dziećmi posiadającymi zewnętrzne centrum kontroli. Nie mają one poczucia kierowania własnym życiem. Wierzą za to, że decydujący wpływ na ich los mają siły zewnętrzne. W rezultacie eksternalizują one odpowiedzialność, poddają się okolicznościom, chętnie zdają się na los i przypadek (...). To poczucie pozostawania pod kontrolą innych prowadzi do utraty inicjatywy i zdolności do kierowania własnym życiem".

***Bryan E. Robinson**, Pomoc psychologiczna dla dzieci alkoholików*

Trzeba zaznaczyć, że zjawisko „kontroli zewnętrznej", czyli zewnętrznego wpływu na życie, występuje nie tylko w rodzinach z problemem alkoholowym.

Jak powstrzymać się od wtargnięcia na cudze terytorium

Warto zatem pozwolić sobie na budowanie poczucia własnego, wewnętrznego wpływu na siebie, poczucia odpowiedzialności za swoje postępowanie, wewnętrznej siły do działania.

Ktoś, kto narusza cudze granice, zazwyczaj zajmuje pozycję „Ja jestem OK – ty nie jesteś OK" (patrz podrozdział *Pozycje interpersonalne*). Aby nauczyć się poszanowania granic innych, trzeba zacząć od budowania poczucia własnej wartości, czyli adekwatnej samooceny. Ktoś, kto w pełni akceptuje siebie – akceptuje też innych i szanuje ich granice (patrz rozdział 1).

Jeśli natomiast ktoś traktuje innych jako gorszych od siebie – bo są tak niezaradni, że sami sobie nie poradzą – to prawdopodobnie sam nie do końca akceptuje i lubi siebie.

W takich sytuacjach możemy mieć do czynienia z mechanizmem projekcji. Projekcja to – jak podaje Stig Fhanér w *Słowniku psychoanalizy* – „mechanizm obronny, polegający na przypisywaniu innym osobom lub rzeczom właściwości, myśli, uczuć, postaw i pragnień, których jednostka w sobie nie akceptuje". Podobnie Peter Kutter w książce zatytułowanej *Współczesna psychoanaliza* pisze: „projekcja polega na obronie przed niemiłymi impulsami popędowymi, które po prostu projektujemy na inne osoby, tzn. przypisujemy je innym. Nie widzimy jednak człowieka takiego, jakim rzeczywiście jest, lecz zniekształcamy jego obraz, podporządkowując go naszym przekonaniom o nim".

Może więc przekonanie, że ktoś sam sobie nie poradzi, że trzeba mu doradzić, wpłynąć na niego, jednym słowem – ingerować w jego granice, to tylko nasza projekcja, bo w rzeczywistości dałby sobie doskonale radę, gdyby dać mu szansę?

Kolejną kwestią jest r o z d z i e l e n i e   p r o b l e m ó w, czyli rezygnacja z brania na siebie odpowiedzialności za sprawy innych osób.

- Czyim problemem jest urządzanie domu synowej Heleny? – to problem synowej.
- Czyim problemem jest bałagan na biurku? – syna Magdy.
- Czyim problemem jest naprawa roweru? – syna Adama.

Zapamiętaj

Nie musimy narzucać innym swojej woli, myśli, przekonań, opinii – oni mają prawo sami zwrócić się o pomoc, gdy będą jej potrzebowali.

Przykład

Gosia, wracając z pracy, zwykle wstępowała na pocztę i wysyłała służbową korespondencję. Tego dnia była bardzo zmęczona, marzyła o tym, by wreszcie znaleźć się w domu, dokończyć gotowanie obiadu i odpocząć. Z westchnieniem ulgi zakończyła czynności na poczcie, wsiadła do auta i odjechała w kierunku domu.

Zatrzymała się jeszcze przy sklepie spożywczym i wtedy zadzwonił jej telefon. Dzwoniła koleżanka z pracy. Okazało się, że na jednym z listów był naklejony znaczek za zbyt małą kwotę. Pracownica poczty zatelefonowała do pracy Gosi, żeby po prostu zgłosić ten fakt – w małej miejscowości wszyscy się znali i brakującą kwotę można było dopłacić następnego dnia rano. Tak zamierzała zrobić Gosia, gdy dowiedziała się, co się stało. Była tak zmęczona, że myśl o powrocie na pocztę napawała ją niechęcią. Koleżanka jednak uważała, że sprawę trzeba załatwić od razu: wrócić natychmiast na pocztę, bo były to już godziny popołudniowe i urząd pocztowy niebawem zamykano, i zapłacić brakujące dwa złote. Wyraziła swoje niezadowolenie z faktu, że Gosia zamierza zrobić inaczej.

Następnego dnia rano Gosia zadzwoniła na pocztę i uzgodniła, że za chwilę dostarczy brakującą kwotę. W tym samym czasie koleżanka osobiście udała się do urzędu i wpłaciła dwa złote.

Czyim problemem było uzupełnienie należności? Niewątpliwe Gosi. I to do niej należała decyzja, co należy w tej sytuacji zrobić. Koleżanka odebrała telefon z poczty właściwie przez przypadek i poczuła się w obowiązku zadecydować o sposobie załatwienia sprawy – ale to nie był jej problem. U obu pań pozostał niesmak: Gosia miała poczucie, że jej granice zostały naruszone, a koleżanka pretensję, że Gosia nie wróciła od razu na pocztę.

Szacunek do granic innych osób – to danie im prawa do decydowania o sobie i bycia w „swoim ogródku" tak, jak chcą. To zrozumienie dla odmiennych poglądów, reakcji, myśli i uczuć.

Ludzie bardzo często spierają się „o rację": chcą przekonać innych do swojego zdania, bo uważają, że to oni „mają rację". Nie ma takiej potrzeby. Każdy może mieć swoją „rację" i ma do niej prawo.

Jeśli stwierdzisz, że zdarza ci się naruszać cudze granice, i zechcesz to zmienić, warto pamiętać, iż:

- jesteś wartościowym człowiekiem i nie musisz nikomu tego udowadniać ani podnosić swojej samooceny cudzym kosztem;
- inni też „są w porządku" i mają prawo postępować tak, jak chcą – zgodnie ze swoimi poglądami, systemem wartości itd.;
- inni też mają prawo do swoich granic, też należy im się szacunek, zgodnie z porzekadłem: „nie czyń drugiemu, co tobie niemiłe";
- naruszanie granic może działać w obie strony, co oznacza, że jeśli ty pozwalasz ingerować w swoje terytorium, to możesz też nieświadomie naruszać granice innych.

Podsumowanie

1. Naruszanie granic innych osób może przejawiać się w sposobach komunikowania się, np. w używaniu „barier komunikacyjnych": nieuważnym słuchaniu, ocenianiu, krytykowaniu, moralizowaniu, udzielaniu rad.
2. Ingerencją w granice jest też decydowanie za innych, narzucanie im swojej woli, zachowania agresywne, manipulacja. To również naruszanie granic cielesności i własności.
3. Chwiejność granic może przejawiać się niedotrzymywaniem ustaleń, zobowiązań, terminów itp.
4. Ingerencja w terytorium innych może wynikać z nadmiernego poczucia odpowiedzialności, braku zaufania do kompetencji innych osób, skłonności do obarczania siebie sprawami otoczenia.
5. Może być konsekwencją postawy „ja jestem OK – ty nie jesteś OK", a przy tym próbą poprawiania własnej samooceny kosztem innych osób.
6. Może być tak, że jeśli ty pozwalasz na naruszanie własnych granic, to nieświadomie ingerujesz w granice innych.
7. Osoby posiadające zewnętrzne centrum kontroli zdają się na los, ulegają wpływowi innych osób bądź sytuacji, charakteryzują się brakiem poczucia mocy sprawczej i odpowiedzialności za swoje czyny.
8. Kontrola wewnętrzna to świadomość wpływu na własne życie, na swoje decyzje, postępowanie, wybory, aktywności.
9. Warto dać sobie i innym prawo do samostanowienia o swoim życiu, budowania poczucia własnej sprawczości.

Rozdział 10

Wyrażanie oczekiwań

Z tego rozdziału dowiesz się:

- dlaczego czasami trudno jest po coś sięgnąć;
- jak poradzić sobie z lękiem przed odmową;
- jak asertywnie wyrazić prośbę.

Przykład

Pewna kobieta szyła w domu firanki i zepsuła jej się maszyna do szycia. „Co tu zrobić?", zastanawiała się. Jedno okno już ozdobione, chciałaby dokończyć drugie – a tu taki kłopot. Pomyślała, że pożyczy maszynę od sąsiadki, bo wiedziała, że ona ma sprawną maszynę.

„Ale nie, na pewno mi nie pożyczy. Ale może jednak pożyczy? Ale nie, na pewno mi odmówi…", rozmyślała, coraz bardziej denerwując się i irytując na sąsiadkę. Po dłuższej chwili była już bardzo zła na nieuczynną sąsiadkę i zawiozła firanki do zakładu krawieckiego, który miał je przygotować w ciągu tygodnia.

Nie poprosiła sąsiadki o pożyczenie maszyny. Sąsiadka natomiast zapytała ją, dlaczego ma firanki tylko w jednym oknie. „Bo w trakcie szycia zepsuła mi się maszyna", odparła. „Ojej, szkoda, że nic nie wiedziałam! Ja mam dobrą maszynę, chętnie bym ci ją pożyczyła, gdybym tylko wiedziała, że jest ci potrzebna".

Dlaczego kobieta nie poprosiła sąsiadki o pożyczenie maszyny do szycia? Bo powstrzymała ją niezłomna pewność, że spotka się z odmową. Miała skłonność (jak wielu z nas) do przewidywania tego, co n a p e w n o się stanie, układania w głowie przewidywanego scenariusza zdarzeń. Do tego jej własne przewidywania wywoływały silne reakcje emocjonalne: złościła się na sąsiadkę za to, że nie pożyczy jej maszyny do szycia, choć tak naprawdę nie mogła tego wiedzieć!

Jest to tzw. wykrzywione myślenie, czyli głębokie przekonanie, że tak właśnie będzie, ale oparte tylko na przypuszczeniach, nie na faktach widzianych z różnych perspektyw.

Spróbuj zastanowić się, czy spotykasz się lub sam stosujesz komunikaty typu:

- ja już wiem dobrze, co będzie…;
- na pewno nie da się tego załatwić…;
- na pewno mnie zlekceważą, nie ma nawet sensu próbować…;
- już ja go znam, nie warto go o nic prosić…;
- liczą się tylko znajomości, normalnie nic nie załatwisz…;
- to za wysokie progi jak na moje nogi…

Takie i podobne stwierdzenia – generalizowanie, uogólnianie, wyciąganie pochopnych wniosków – to bariery komunikacyjne, widziane z racjonalnego, logicznego punktu widzenia. Ale jakie może być podłoże emocjonalne takiego rozumowania? Niewątpliwie jest nim lęk przed odmową, o czym przeczytasz niżej.

Lęk przed odmową

Na pytanie: „Dlaczego o to nie poprosiłeś?" najczęściej pada odpowiedź: „Bo bałem się, że mi odmówią".

To normalne i naturalne, że mamy jakieś oczekiwania wobec ludzi, wśród których żyjemy. My chcemy czegoś od innych – inni chcą czegoś od nas. Zwykła sprawa. Wydawałoby się, że prosta do wyrażenia z pozycji Dorosłego. A jednak tak nie jest. Bywają różne modele wyrażania próśb.

Przykład

- *Danusia prosi swojego męża, by poszedł z nią po zakupy. Robi przy tym minki jak małe dziecko, używa zdrobniałych słów, przymila się. Mówi do siostry: „Uproszę Kazia, może się zgodzi".*
- *Katarzyna chciałaby wyjść wcześniej z pracy, żeby pójść do lekarza. Nie mówi wprost, ale demonstruje całą osobą, jak bardzo boli ją głowa (tak bardzo w rzeczywistości nie boli, ale ona ma skłonność do teatralnych zachowań). Wzdycha, wznosi wzrok do góry, przybiera cierpiący wyraz twarzy, mówi cichym, słabym głosem – całą sobą sugeruje otoczeniu, jak źle się czuje.*
- *Grażyna zawsze bardzo przeprasza, że ośmiela się o coś prosić – później wylewnie dziękuje.*
- *Jurek ma zepsute auto, właśnie odstawił je do mechanika, ale ma coś ważnego do załatwienia w mieście. Poszedł do brata pożyczyć od niego samochód i mówi rozkazującym tonem: „Daj mi kluczyki i dokumenty, jadę do miasta". Brat jest zaskoczony, bo też potrzebuje samochód.*
- *Ola negocjuje ze współorganizatorką imprezy wynagrodzenie dla siebie w trakcie rozliczania kosztów. Mówi: „Nie jest ci głupio, że chcesz mi tak mało zapłacić?".*
- *Michał chciałby wziąć dzień wolnego, ale na ten sam dzień jego kolega również chce dostać urlop, a jeden z nich musi pozostać na stanowisku. Michał mówi na głos, nie patrząc na nikogo: „Niektórzy to potrafią sobie załatwić, wszędzie się wepchną...".*
- *Jadwiga od kilku lat jest bezrobotna, wysyła maile ze swoim życiorysem, ale bez skutku. Nie podejmuje bezpośrednich rozmów z ewentualnymi pracodawcami, bo uważa, że to i tak nie ma sensu, liczą się tylko znajomości.*
- *Jedna dziewczynka mówi do drugiej: „Obrażę się na ciebie i nie będę się do ciebie odzywać, jeśli nie pójdziesz ze mną na huśtawkę".*

- *Janek o nic nie prosi dla siebie, uważa, że nic mu się nie należy. Nie chce sprawiać kłopotów swoją osobą.*
- *Karolina zawsze jasno i spokojnie wyraża swoje oczekiwania. Zakłada, że ma 50% szansy, że jej prośba zostanie spełniona: „Co mi szkodzi spróbować, najwyżej mi odmówią – też mają do tego prawo".*

Ostatni model zachowania – przykład Karoliny – pokazuje sposób asertywnego wyrażania oczekiwań.

Okazuje się, że bardzo dużo energii ludzie poświęcają na różnego rodzaju zabiegi, by coś dla siebie uzyskać: manipulują, sugerują, dają do zrozumienia, szantażują, agresywnie wymuszają lub wcale nie podejmują aktywności, odczuwając przy tym frustrację, rozczarowanie, złość i mając poczucie krzywdy.

Dlaczego tak dużo energii poświęcamy na to, żeby coś uzyskać okrężną drogą, jakoś dookoła – zamiast po prostu zapytać wprost?

Przyczyną są utrwalone w dzieciństwie sposoby reagowania, zapisane głęboko w śladach pamięciowych z pierwszego okresu życia człowieka. Jeśli ktoś jako dziecko próbował wyrażać swoje oczekiwania, a one były traktowane jako nieistotne, lekceważone i pomijane, to w dorosłym życiu stosuje podobne sposoby wyrażania swoich pragnień i spodziewa się podobnego ich odbioru. Jeśli dziecko było obwiniane za to, że chce coś dla siebie, bo np. sytuacja materialna rodziny nie pozwalała na realizowanie pragnień, to w życiu dorosłym w przypadku odmowy powraca uczucie przykrości i rozczarowania, dojmującego smutku i złości. W konsekwencji taka osoba woli o nic nie prosić, żeby nie przeżywać takich uczuć, albo prosić nie wprost.

Na przeciwnym biegunie plasuje się postawa roszczeniowa, wynikająca z poczucia, że „wszystko mi się należy". U takich osób odmowa również wywołuje dużą złość i rozczarowanie. Wtedy prośba zamienia się zwykle w żądanie, bo albo w dzieciństwie rodzice spełniali wszystkie żądania dziecka, albo przeciwnie, braki były tak duże, że teraz oczekiwania są jak studnia bez dna, niemożliwe do zaspokojenia. Stąd bierze się postawa roszczeniowa i poczucie krzywdy.

Z punktu widzenia pozycji interpersonalnych przyczyny trudności w wyrażaniu oczekiwań można podzielić na następujące kategorie:

1. Przyczyny problemów wynikających z pozycji „Ja nie jestem OK – ty jesteś OK":
   - trudność w jasnym wyrażaniu oczekiwań;
   - myślenie: „nie należy mi się", „nie zasługuję";

- sugerowanie, demonstrowanie, dawanie do zrozumienia;
- albo przeciwnie – agresywne żądanie „na wszelki wypadek", roszczeniowość, poczucie krzywdy;
- manipulowanie, obwinianie;
- przewidywanie, że się nie uda, więc nie warto próbować.

2. Przyczyny problemów wynikających z pozycji „Ja jestem OK – ty nie jesteś OK":
   - trudność w jasnym wyrażaniu oczekiwań;
   - myślenie: „wszystko mi się należy", „nie znoszę odmowy";
   - żądania, wydawanie rozkazów;
   - manipulowanie, obwinianie;
   - poczucie, że proszenie o coś jest upokarzające.

Okazuje się, że bardzo istotnym elementem jest znów adekwatna samoocena – poczucie własnej wartości i szacunek dla innych.

Masz prawo oczekiwać – inni mają prawo odmówić

Najbardziej naturalną formą wyrażania oczekiwania wydaje się sformułowanie: „ja chcę", czyli zastosowanie trybu orzekającego czasownika „chcieć". Natomiast większość z nas zazwyczaj stosuje tryb przypuszczający: „ja chciałbym". Zastanówmy się, dlaczego tak się dzieje.

Ja chcę – brzmi stanowczo i zdecydowanie, ale może wydawać się rozkazujące, z podtekstem żądania.
Ja chciałbym – wyraża niepewność i przypuszczenie, sugestię, że „może ewentualnie", z podtekstem prośby.

Z punktu widzenia psychologii rozwojowej człowieka małe dziecko mówi stanowczo i zdecydowanie „ja chcę" (patrz rozdział 14), natomiast w procesie wychowania z reguły odbiera mu się spontaniczną możliwość wyrażania chęci, na rzecz dostosowania do oczekiwań otoczenia i spełniania wymagań. Dlatego mały człowiek, a później dorosły, stosuje różne zabiegi (podane w poprzednim rozdziale), by jednak w jakiś sposób uzyskać to, czego chce.

W konsekwencji nie dajemy sobie prawa do tego, żeby chcieć, powstrzymuje nas bowiem:

- poczucie, że nie zasługujemy, nie należy się nam;
- poczucie winy, że może to egoistyczne pragnienia;
- lęk, że nam odmówią;
- inne...

Zapamiętaj

Warunkiem dania sobie prawa do tego, żeby chcieć, jest zaakceptowanie faktu, że możemy spotkać się z odmową. Inaczej mówiąc, danie innym prawa do tego, że mogą powiedzieć „nie".

JA CHCĘ ...... **NIE ......**

Jeśli zaakceptujemy fakt, że inni mogą nam odmówić, to ewentualność usłyszenia „nie" przestanie wydawać się nam zagrażająca, przestanie budzić lęk. Wtedy też nam samym łatwiej będzie powiedzieć „nie".

Innym koniecznym warunkiem jest adekwatna samoocena, czyli odbiór siebie i innych na zasadzie „Ja jestem OK – ty jesteś OK", ponieważ pozwala:

- na swobodne i naturalne wyrażanie próśb i oczekiwań;
- na wewnętrzną zgodę na to, że ktoś inny może odmówić (założenie, że tak może się zdarzyć).

Powróćmy do przykładów z poprzedniego podrozdziału:

- Danusia ma prawo powiedzieć do męża np. „Zależy mi na tym, żebyś poszedł ze mną na zakupy, jest to dla mnie ważne".
- Katarzyna do szefa w pracy: „Czy mogę wyjść dziś wcześniej z pracy? Muszę iść do lekarza, który przyjmuje tylko w określonych godzinach".
- Jurek do brata: „Czy pożyczysz mi swój samochód? Mój oddałem do naprawy, a mam ważną sprawę do załatwienia w mieście".

Przykładowe komunikaty zostały sformułowane z pozycji Dorosłego, są jasne, konkretne, z informacją o własnych oczekiwaniach.

Musimy liczyć się z faktem, że nasze oczekiwania nie zawsze będą spełnione, ale wtedy (znów uruchamiając Wewnętrznego Dorosłego) warto powiedzieć sobie „trudno" i skierować energię na poszukiwanie innego rozwiązania problemu.

To, że poczujemy złość w sytuacji odmowy, jest zjawiskiem zupełnie naturalnym. Ciało migdałowate w mózgu może zareagować złością, ale wtedy warto wykorzystać złość jako nośnik energii, którą kora mózgowa zużytkuje do poszukiwania konstruktywnych rozwiązań.

Przykład

Agnieszka uważała, że nigdy nie nauczy się prowadzić samochodu i nie zdoła uzyskać prawa jazdy. Ponieważ jej praca wymagała podróży w odległe rejony miasta i jego okolic, zużywała dużo energii i emocji na zorganizowanie sobie transportu, bo komunikacja miejska nie zawsze wystarczała. Przyjaciele, znajomi i członkowie rodziny wozili ją i podwozili, aż wreszcie syn postawił sprawę jasno: „Jeśli chcesz się swobodnie przemieszczać, zrób prawo jazdy. Ja już nie mam czasu na to, żeby cię wozić".

Początkowo była bardzo zła, ale po jakimś czasie, gdy ochłonęła, pomyślała: „Właściwie dlaczego nie? Może warto spróbować?".

Zdobycie prawa jazdy nie było łatwe, ale w końcu jej się udało. Teraz nie może się nadziwić, że tak długo mogła funkcjonować bez umiejętności prowadzenia samochodu.

Czasem warto zweryfikować swoje oczekiwania: zadać sobie pytanie, czy to, czego chcemy, rzeczywiście jest dla nas dobre. Może się bowiem okazać, że fakt, iż ktoś nam odmówił i wyznaczył granice, też może być korzystny dla nas.

Zapamiętaj

Warto mieć marzenia, plany, oczekiwania i starać się je realizować. Masz do tego prawo.

Podsumowanie

1. Trudność w asertywnym wyrażaniu oczekiwań może wynikać z dawnych doświadczeń, z czasów, gdy chęci i potrzeby dziecka nie były respektowane – pomijane, lekceważone – lub przeciwnie, spełniano wszystkie jego żądania.
2. Przyznanie sobie prawa do własnych oczekiwań utrudniają bariery myślenia – na zasadzie: „to się nie uda…".
3. Przed asertywnym wyrażeniem oczekiwań powstrzymuje nas lęk przed odmową – boimy się rozczarowania, żalu, smutku, złości, które mogłyby się pojawić w wypadku odmowy.
4. Innym powodem, dla którego powstrzymujemy się od wyrażania oczekiwań, jest poczucie, że coś nam się nie należy, nie zasługujemy na to, nie jesteśmy tego warci, czyli czujemy się gorsi od innych: „Ja nie jestem OK – ty jesteś OK".
5. Podobną przeszkodą jest myślenie odwrotne, czyli z pozycji „Ja jestem OK – ty nie jesteś OK".
6. Powyższe modele naszego emocjonalnego stosunku do siebie i innych powodują bądź powstrzymywanie się od wyrażania oczekiwań, bądź agresywne, roszczeniowe ich przedstawianie.
7. Warunkiem swobodnego wyrażania prośby jest akceptacja możliwości odmowy.
8. Chwilowa złość w sytuacji odmowy jest naturalna.
9. Komunikaty wysyłane z pozycji Wewnętrznego Dorosłego pozwalają asertywnie wyrazić własne oczekiwania.
10. Jeśli masz poczucie „Ja jestem OK – ty jesteś OK", to możesz swobodnie i naturalnie formułować prośby, a w przypadku odmowy szukać innych, konstruktywnych rozwiązań problemu.

Rozdział 11

Wyrażanie własnych uczuć, myśli i przekonań

Z tego rozdziału dowiesz się:

- jak asertywnie wyrażać swoje myśli, uczucia, przekonania;
- jak skutecznie stosować komunikat „ja";
- jak umiejętnie wyrażać siebie.

Prawo do posiadania własnego zdania, uczuć, przekonań

Katarzyna Gozdek-Michaëlis w książce *Rozwiń swój genialny umysł* podaje za Anthonym Robbinsem przykład mężczyzny, który:

- „zbankrutował w wieku 31 lat;
- przegrał wybory do lokalnej izby prawniczej w wieku 32 lat;
- ponownie zbankrutował w wieku lat 34;
- przeżył załamanie psychiczne w wieku lat 36;
- przegrał wybory w wieku lat 43;
- przeżył śmierć narzeczonej w wieku lat 45;
- przegrał w wyborach do Kongresu w wieku lat 46;
- przegrał w wyborach do Kongresu w wieku lat 48;
- przegrał w wyborach do Senatu w wieku lat 55;
- przegrał w wyborach na wiceprezydenta w wieku lat 46;
- przegrał w wyborach do Senatu w wieku lat 58;
- został wybrany na prezydenta Stanów Zjednoczonych w wieku lat 60.

Tym człowiekiem był Abraham Lincoln".

Ta sama autorka przywołuje starą, taoistyczną opowieść, którą Richard Bandler, twórca neurolingwistycznego programowania (zwanego w skrócie NLP), przytacza na swoich seminariach:

Przykład

W maleńkiej, ubogiej wiosce żył pewien gospodarz. Uważano go za bardzo bogatego, ponieważ miał konia, który służył mu do pracy w polu i do transportu. Pewnego dnia koń się spłoszył i uciekł. Sąsiedzi przyszli do gospodarza z wyrazami współczucia, ale on skomentował to prostymi słowami „Być może".

Po paru dniach koń wrócił do gospodarza, przyprowadzając ze sobą dwa dzikie konie. Sąsiedzi natychmiast pośpieszyli z gratulacjami, ciesząc się wraz z gospodarzem z tak szczęśliwego obrotu rzeczy. Gospodarz skomentował te okrzyki radości krótkim „Być może".

Następnego dnia syn gospodarza chciał ujeździć jednego z dzikich koni. Koń strącił go z grzbietu i chłopak wylądował na ziemi ze złamaną nogą. Sąsiedzi pośpieszyli natychmiast ze słowami ubolewania nad tym nieszczęściem, lecz gospodarz odrzekł jedynie „Być może".

Tydzień potem we wsi zjawiło się wojsko i siłą wcieliło w swoje szeregi wszystkich młodych mężczyzn z wioski. Pominięto jedynie syna gospodarza ze względu na złamaną nogę. Kiedy sąsiedzi przyszli do niego, żeby powiedzieć, jaki z niego szczęściarz, gospodarz skomentował to krótkim „Być może".

Z przypowieści tej wynika, że nie ma jednoznacznej oceny sytuacji, wszystko zależy od kontekstu, zmiany punktu widzenia, zabarwienia emocjonalnego. Koń uciekł, ale wrócił z dwoma innymi. Syn złamał nogę, ale dzięki temu nie został wysłany na wojnę. Jak mówi stare, ludowe przysłowie: „Nie ma tego złego, co by na dobre nie wyszło".

Przypowieść pokazuje, że na każdą sytuację można patrzeć z różnych punktów widzenia, ale też że w każdej sytuacji można znaleźć coś dobrego. Tak naprawdę nic nie jest jednoznaczne.

Zapamiętaj

Każdy z nas ma prawo do własnego, osobistego zdania na każdy temat, do własnych uczuć, myśli, przekonań.

Często jednak zdarza się, że wiele osób spiera się „o racje", odbierając świat w kategoriach czarno-białych: „Albo mam rację, albo jej nie mam". W rzeczywistości jest tyle racji, ilu ludzi, bo każdy ma prawo mieć swoją.

Przykład

Kiedyś w pewnej klasie uczeń zasnął na lekcji. Oburzona nauczycielka wpisała mu uwagę do dziennika, że lekceważy przedmiot i nauczyciela. Później okazało się, że zasnął, bo całą noc pracował w kurnikach sąsiada, aby pomóc finansowo matce, która samotnie wychowywała czworo dzieci.

Poznawszy sytuację, nauczycielka spojrzała na jego zachowanie z innej perspektywy.

Nastąpiła tu emocjonalna zmiana widzenia sytuacji. Nauczycielce zrobiło się żal chłopaka, który w wieku kilkunastu lat musiał przejąć obowiązki dorosłego mężczyzny.

Racja jest więc pojęciem względnym – mamy prawo do własnych racji, dlaczego więc trudno jest czasem wyrazić własne zdanie na jakiś temat? Co nas powstrzymuje?

Najogólniej mówiąc, przeszkadzają nam w tym bariery w myśleniu i bariery emocjonalne.

Być może zdarzyło ci się, kiedy byłeś jeszcze w szkole, że znałeś odpowiedź na pytanie nauczyciela, ale nie odezwałeś się z obawy, że podasz złą odpowiedź? Nie do końca ufałeś sobie i obawiałeś się reakcji nauczyciela i kolegów z klasy. Wtedy, podobnie jak w wielu innych sytuacjach, powstrzymywał cię lęk przed oceną, przed odbiorem przez innych ludzi (patrz rozdział 13), problemem mogło też być widzenie siebie w kategoriach „Ja nie jestem OK".

Przed jasnym wyrażeniem siebie mogą powstrzymywać cię twoje własne bariery myślenia:

- **uogólnienie:** zakładasz, że nigdy ci się nic nie uda, że zawsze jesteś beznadziejny, nigdy nie powiesz nic mądrego;
- **etykietowanie:** przypisujesz sobie negatywne etykiety, czyli negatywne wartościowania, np. „taka ze mnie niezdara";
- **zakładanie filtrów:** z wielu informacji wybierasz tylko te, które ci odpowiadają, zwykle negatywne, i słyszysz tylko to, co chcesz słyszeć;
- **myślenie czarno-białe:** wszystko odbierasz w kategoriach dwóch wartości, albo coś jest świetne, albo beznadziejne, z własnej drobnej porażki wyciągasz wniosek, że w ogóle jesteś do niczego;
- **personalizacja:** przypuszczasz, że wszystko dookoła ma coś wspólnego z tobą;
- **odczytywanie myśli innych osób:** wydaje ci się, że inni myślą, czują i reagują tak samo jak ty i są w podobnym stopniu skoncentrowani właśnie na tobie (co jest powiązane z personalizacją).

Takie bariery myślenia zniekształcają naszą percepcję, nie pozwalają na realistyczny odbiór sytuacji i na reakcję ze stanu Wewnętrznego Dorosłego. Połączone z barierami emocjonalnymi stają się trudną do pokonania przeszkodą w asertywnym wyrażaniu siebie.

Zapamiętaj

To, co myślisz i czujesz, ważne jest przede wszystkim dla ciebie samego. Jest także ważne dla innych.

Komunikat „ja"

Porozumiewamy się za pomocą różnego rodzaju komunikatów: słów, tonu głosu, postawy ciała, wyrazu twarzy. Około 70% sygnałów, które wysyłamy, przekazujemy bez słów. Dzieje się to nieświadomie, sygnałami niewerbalnymi pokazujemy to, co mamy w sobie.

Rys. 11.1. Postawy ciała: uległa i agresywna

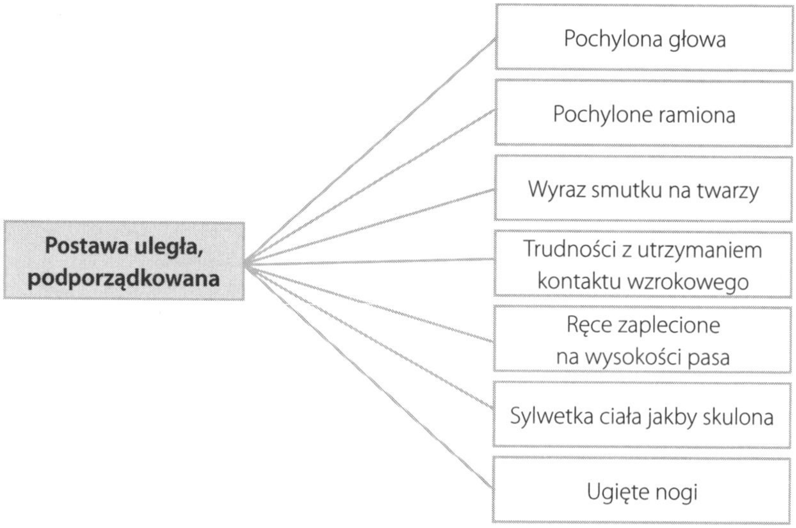
Postawa uległa, podporządkowana
Pochylona głowa
Pochylone ramiona
Wyraz smutku na twarzy
Trudności z utrzymaniem kontaktu wzrokowego
Ręce zaplecione na wysokości pasa
Sylwetka ciała jakby skulona
Ugięte nogi

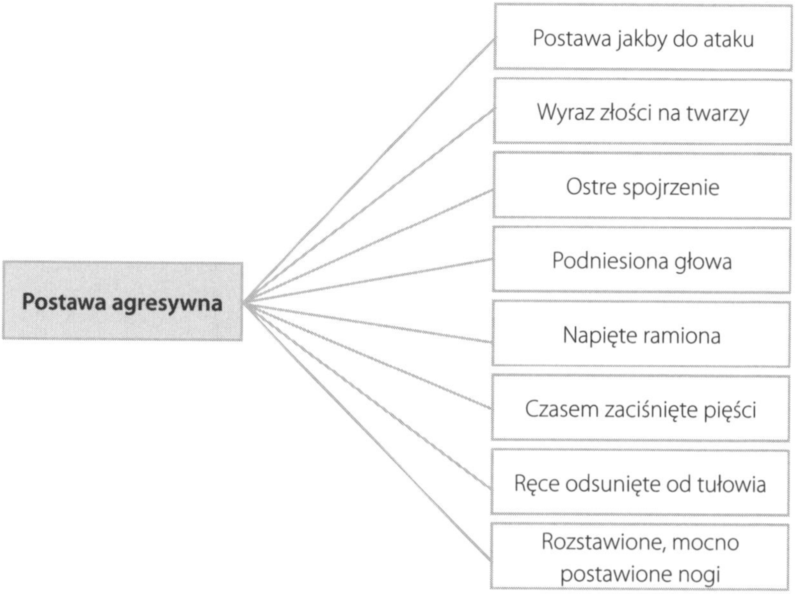
Postawa agresywna
Postawa jakby do ataku
Wyraz złości na twarzy
Ostre spojrzenie
Podniesiona głowa
Napięte ramiona
Czasem zaciśnięte pięści
Ręce odsunięte od tułowia
Rozstawione, mocno postawione nogi

Patrząc na sylwetki na rys. 11.1, wyraźnie widać różnicę między postawą uległą a agresywną. Jest to nieco przerysowany przykład, ale pokazuje, jak sygnały niewerbalne mogą odzwierciedlać nasze postawy i emocje. W obu postawach można zauważyć napięcie, ale wyrażone w różny sposób.

Postawę asertywną może charakteryzować:

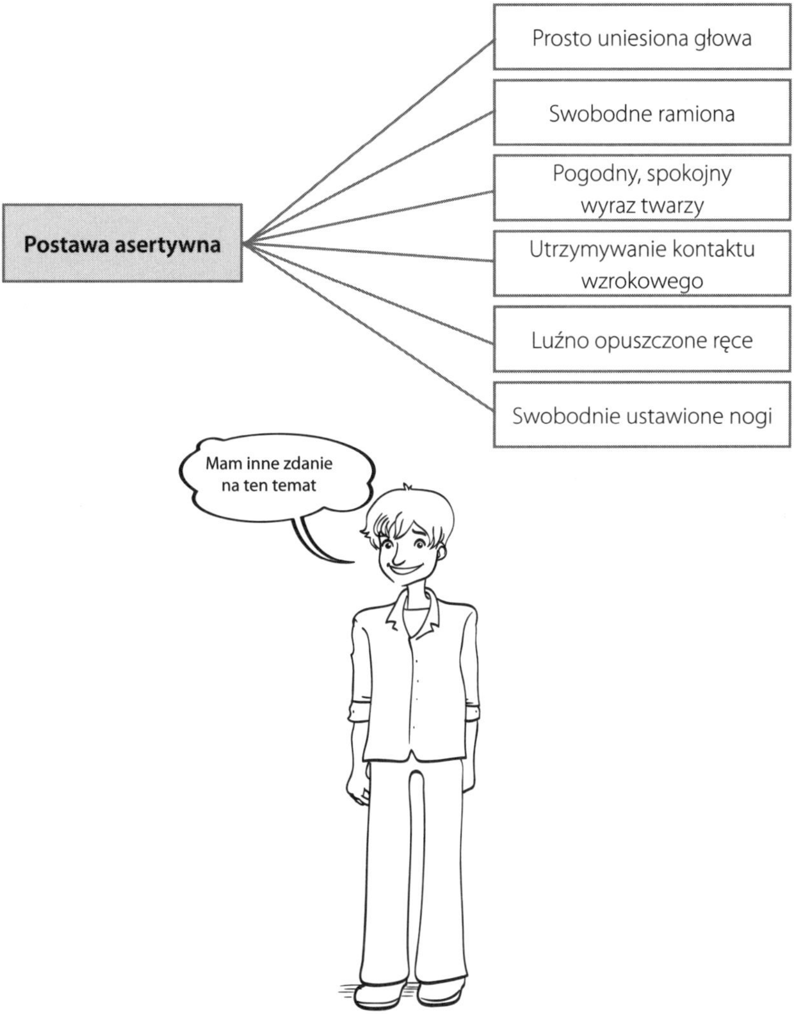

Rys. 11.2. Asertywna postawa ciała

U osoby asertywnej nie widać napięcia, wyraźne natomiast są spokój i swoboda.

Jeśli wzrasta twoja pewność siebie – twoje ciało też na to reaguje. Automatycznie zmieni się twój wygląd, gdy obniży się poziom napięcia.

Możesz też spróbować na odwrót: starać się utrzymać prosto głowę, wyprostować ramiona, utrzymywać kontakt wzrokowy. Zaczynasz wtedy od zmiany swojej postawy ciała, a w ślad za tym wzrośnie twoja pewność siebie.

Zdarza się, że niekiedy ludzie słowami i postawą ciała zaprzeczają emocjom, wysyłają sprzeczne, niespójne komunikaty: czyli ich sylwetka czy gesty pokazują coś innego niż wypowiadane słowa, np.:

- „Wcale się nie denerwuję!" – mówi ktoś, bębniąc palcami po stole lub zaciskając pięści.
- „Wcale się nie boję" – twierdzi ktoś, kuląc się i drżąc ze strachu.
- „Lubię cię" – deklaruje ktoś oschłym tonem, z usztywnioną sylwetką.

Sprzeczne komunikaty można zauważyć także w mowie werbalnej, np. w wypowiedziach typu: „Tak, ale...". Jest to pozorna zgoda, w rzeczywistości jej brak. „Tak, ale..." po prostu znaczy „nie" lub „mam inne zdanie na ten temat". Rozmówca niby przyznaje nam rację, ale tak naprawdę przytacza kontrargumenty. W istocie nie daje sobie prawa do tego, by po prostu zaprzeczyć.

Zapamiętaj

Masz prawo do wyrażania własnych uczuć, myśli, poglądów – z szacunkiem dla uczuć, myśli, poglądów innych osób.

Nasuwa się tu słowo t o l e r a n c j a – dla siebie i innych. Najbardziej skuteczne i asertywne wyrażenie siebie odbywa się poprzez stosowanie komunikatu „ja". Aby umieć to zrobić, musimy wcześniej dać sobie do tego prawo:

- Ja myślę, że...
- Moim zdaniem...
- Rozumiem, że tak uważasz, ja myślę inaczej...
- Mam inne zdanie na ten temat...
- Uważam, że...

Takie i podobne zdania pozwalają ci przedstawić twój punkt widzenia bez oceniania zdania innych, bez atakowania ich terytorium. Bywają jednak sytuacje, w których ludzie naruszają terytorium innych, stosując komunikat „ty". Używanie komunikatu „ty", „wy" itp. jest dużą przeszkodą w osiągnięciu porozumienia. Wzbudza u rozmówcy złość, irytację, chęć obrony, czasem ataku.

- Mylisz się...
- Nie masz racji...
- Źle mówisz, mylisz się...

Z punktu widzenia reakcji asertywnych lub nieasertywnych wyrażenie własnego zdania można podzielić na:

1. **Uległe:**
   - powstrzymywanie się od wypowiedzi w swoim imieniu;
   - zgadzanie się z rozmówcą wbrew własnej opinii;
   - używanie komunikatu „my" (rozłożenie odpowiedzialności na wiele osób).

2. **Agresywne:**
   - używanie komunikatu „ty";
   - oskarżanie, krytykowanie, ocenianie.

3. **Asertywne:**
   - jasne przedstawienie swojego punktu widzenia za pomocą komunikatu „ja".

Nabywanie umiejętności wyrażania siebie

Trudność w asertywnym wyrażaniu siebie korzeniami sięga dawnych, dziecięcych doświadczeń, gdy np. jako dziecko słyszałeś, cytowane już wcześniej, przekazy typu:

- „dzieci i ryby głosu nie mają";
- „siedź w kącie, znajdą cię".

Jeśli dorośli nie potrafili wysłuchać dziecka i ignorowali to, co ma ono do przekazania, to dziecko, dorastając, oducza się mówić o sobie, bo uważa, że to, co myśli lub czuje, jest nieistotne. Odbiera siebie jako „nie OK".

Odważne wyrażanie siebie jest możliwe, gdy:

- sam zbudujesz swoją adekwatną samoocenę (patrz rozdział 5);
- uznasz, że twoje myśli i przekonania są ważne;
- zaprzestaniesz obwiniania się i krytykowania;
- zweryfikujesz swój styl myślenia tak, aby wyeliminować ewentualne bariery myślenia;
- dasz sobie i innym prawo do własnego zdania, poglądów, opinii – bez konieczności zgadzania się z nimi;
- dasz sobie i innym prawo do własnego stylu, np. ubierania się, wystroju wnętrza – wszelkich wyborów.

Zapamiętaj

Swobodne mówienie w swoim imieniu jest kolejnym krokiem do zmiany zachowań nieasertywnych na asertywne.

Już starożytni Rzymianie mawiali: *De gustibus non est disputandum*, co oznacza, że o sprawach upodobań nie należy dyskutować. Już wtedy każdy miał prawo do własnego zdania. Tym bardziej warto z tego prawa korzystać dzisiaj.

Podsumowanie

1. Nie ma jednoznacznej oceny sytuacji – jej ogląd zależy od kontekstu, perspektywy, zabarwienia emocjonalnego.
2. Nie ma więc jednoznacznej „racji" – każdy ma prawo do własnych myśli, przekonań, własnego zdania.
3. Opinia na jakiś temat może być zmienna, np. pod wpływem emocji.
4. Od jasnego i konkretnego wyrażenia własnego zdania powstrzymują nas wewnętrzne bariery emocjonalne i bariery myślenia.
5. Ograniczeniem emocjonalnym może być lęk przed oceną, przed negatywnym odbiorem przez innych ludzi, brak wewnętrznego prawa do własnego zdania.
6. Bariery myślenia to uogólnianie, etykietowanie, stosowanie filtrów, myślenie czarno-białe, personalizacja, przewidywanie myśli innych osób.
7. Ważne jest, co ty myślisz i czujesz.
8. Twoją postawą ciała, tonem głosu, wyrazem twarzy wysyłasz bardzo istotne komunikaty.
9. Najbardziej skuteczne jest stosowanie komunikatu „ja": wypowiadanie się w swoim imieniu, jasne przedstawienie własnego punktu widzenia.
10. Stosowanie komunikatu „my", odwoływanie się do innych, jest rozłożeniem odpowiedzialności na inne osoby, pewnego rodzaju asekuracją. Natomiast komunikat „ty" może być naruszeniem granic, krytyczną oceną innej osoby.
11. Asertywne wyrażanie siebie jest możliwe, gdy siebie i innych odbierasz na zasadzie „Ja jestem OK – ty jesteś OK".

Rozdział 12

Mówienie i przyjmowanie komplementów

Z tego rozdziału dowiesz się:

- dlaczego peszą cię komplementy;
- jak można pozbyć się tego zakłopotania;
- jak asertywnie mówić i przyjmować komplementy.

Skąd trudność w przyjmowaniu pozytywnych informacji o sobie?

Uogólniając, można powiedzieć, że cały proces wychowania polegał dotąd na przekazywaniu dziecku negatywnych informacji na jego temat. Rodzice i nauczyciele, oczywiście w dobrych intencjach, mówili:

- „Tu się popraw, to zrobiłeś źle";
- „Jesteś niedokładny, musisz się zmienić...";
- „Patrz, ile tu błędów..." itp.

W ostatnich latach coraz więcej osób popiera model wychowania polegający na poszukiwaniu mocnych stron, pozytywów. Niemniej jednak ciągle jeszcze wzorzec Rodzica Karcącego jest popularny.

W rezultacie, gdy słyszysz zewsząd krytyczne uwagi na swój temat, masz poczucie małej wartości i nie bardzo wiesz, jak się zachować, gdy ktoś cię pochwali.

Do przyjmowania uwag krytycznych jesteśmy w pewnym sensie przyzwyczajeni i mamy utarte schematy reagowania na nie. Oceny negatywne można przyjąć ze zrozumieniem albo ostro zaprotestować, obrazić się, oburzyć, wycofać z relacji itd. Są to jednak sytuacje nam znane i w odpowiedzi możemy przyjąć charakterystyczną dla nas strategię obrony, mniej lub bardziej konstruktywną.

Inaczej jest natomiast, gdy słyszymy pochwałę, jakiś komplement na nasz temat. Czujemy się zmieszani, zakłopotani i zwykle umniejszamy wartość chwalonej rzeczy lub cechy.

- „Podoba mi się twoja sukienka".
  „E tam, stara jest, już dawno ją mam".

Podobnie jak w dowcipie:

- „Księżniczko, jak ty pięknie grasz na harfie!"
  „E, tak se tylko brzdąkam".

Nic więc dziwnego, że gdy spotykamy się z jasno wyrażoną akceptacją, nie mamy opracowanego modelu zachowania. Niekiedy nawet podejrzewamy podstęp: „Coś się pod tym kryje, widocznie czegoś od nas oczekuje, skoro jest taki miły".

Tu znowu wypada powtórzyć, że aby w naturalny, spontaniczny sposób wyrażać i przyjmować pozytywne informacje, najpierw trzeba odkryć swoje własne zasoby, zbudować poczucie własnej wartości.

Ćwiczenie

1. Zastanów się, co lubisz w sobie. Zapisz według podanego schematu.

   Lubię w sobie:
   - zamiłowanie do porządku;
   - umiejętności organizacyjne;
   - kolor włosów;
   - umiejętność słuchania innych;
   - ....
   - ....
   - ....
   - ....
   - ....

2. Pomyśl teraz o bliskiej sobie osobie. Co w niej lubisz?

   Lubię w tobie:
   - poczucie humoru;
   - wysportowaną sylwetkę;
   - luz i swobodę;
   - odwagę w wyrażaniu przekonań;
   - ....
   - ....
   - ....
   - ....
   - ....

Zapamiętaj

Zmiana sposobu myślenia, czyli rezygnacja z szukania cech ujemnych i wad na rzecz poszukiwania i odkrywania aspektów i cech pozytywnych, jest pierwszym krokiem do nabycia umiejętności przyjmowania i wyrażania pochwał i komplementów.

Asertywne wyrażanie i przyjmowanie pozytywnych informacji

Zastanów się, kiedy ostatnio powiedziałeś swoim bliskim, że ich kochasz, lubisz, podziwiasz, szanujesz. Zwykle nie mówimy tego na co dzień, w naszym wyobrażeniu są to wielkie słowa, których nie trzeba nadużywać, zarezerwowane na wyjątkowe okazje. Ale takie wytłumaczenie to tylko nasz sposób usprawiedliwiania własnych trudności w mówieniu o tym, co naprawdę czujemy.

Zdarza się, że ludzie wyrażają pochwałę czy akceptację w formie, która niesie ze sobą podtekst przeciwny, krytyczny. Taką właśnie ukrytą krytykę zawierają poniższe sformułowania:

- „Dobrze to zrobiłeś, ale czy nie można tak częściej?";
- „Jak na ciebie to może być, całkiem nieźle";
- „Ładnie napisałeś to wypracowanie, szkoda tylko, że w matematyce ci tak kiepsko idzie";
- „No dobrze, ale czy nie można było wcześniej?".

Trzeba unikać tego rodzaju komunikatów, bo wtedy wyrażamy coś zupełnie przeciwnego, niż zamierzaliśmy, a rozmówca ma przykre poczucie zdezorientowania i niepewności, o co tak naprawdę nam chodzi.

Pamiętasz z poprzednich rozdziałów, jak ogromnie ważna jest potrzeba akceptacji: docenienia, uznania, zauważenia, zwrócenia uwagi. Wiesz też, jakie są skutki braku zaspokojenia tej potrzeby, jakie pozostawia to w psychice poczucie własnej nieadekwatności, niespełnienia oczekiwań, wyobrażenia o tym, że „nie jest się OK".

Warto więc na bieżąco, jak najczęściej, uzupełniać „naczynie" z potrzebą akceptacji (patrz podrozdział *Potrzeba miłości*), najlepiej stosując komunikat „ja":

- „Cieszę się, że posprzątałeś pokój".
- „Bardzo cię lubię".
- „Odpowiada mi twoja postawa".

Najlepiej, gdy pochwała nie zawiera w sobie elementu oceny. Ocena, nawet pozytywna, może wzbudzić niepokój i wątpliwość, czy następnym razem też się uda.

Adele Faber i Elaine Mazlish w swojej książce *Jak mówić, żeby dzieci nas słuchały, jak słuchać, żeby dzieci do nas mówiły* proponują stosowanie pochwały opisowej, ponieważ pochwała wyrażona w ten sposób powoduje, że dziecko z czasem samo potrafi pozytywnie myśleć i mówić o sobie.

Zamiast chwalić:

1. **Opisz, co widzisz:** „Widzę czystą podłogę, zaścielone łóżko, książki równo ułożone na półkach".
2. **Opisz, co czujesz:** „Przyjemnie wejść do takiego pokoju".
3. **Podsumuj godne pochwały zachowanie dziecka słowami:** „Uporządkowałeś ołówki, kredki i pióra, i ułożyłeś je w oddzielnych pudełkach. To się nazywa porządek!".

Dobrze byłoby, gdyby komunikaty werbalne były spójne z niewerbalnymi – z wyrazem twarzy, ciepłym spojrzeniem, gestem. Dyskretna akceptacja, wyrażana wyłącznie niewerbalnie, może być trudna do odczytania przez kogoś, kto ma niskie wyobrażenie na swój temat.

Do nauki wyrażania i przyjmowania pozytywnych informacji przydatne jest ćwiczenie stosowane podczas treningów grupowych, np. integracyjnych. Aby je wykonać, potrzebna jest grupa minimum 4–5 osób. Ćwiczenie nazywa się „Plotki" lub „Zgadnij, kto to powiedział".

Ćwiczenie polega na tym, że uczestnicy spotkania wyrażają opinie na swój temat, ale wyłącznie pozytywne. Jedna chętna osoba wychodzi na chwilę za drzwi i w tym czasie pozostali wypowiadają się na jej temat, a prowadzący zapisuje to na kartce, z zaznaczeniem, kto co powiedział, np.:

- „Podoba mi się twój uśmiech", powiedziała Irena;
- „Cenię sobie twój zapał i operatywność", powiedział Julian.

Na dany znak osoba przebywająca za drzwiami i omawiana przez resztę uczestników warsztatów powraca do grupy. Prowadzący mówi: „Gdy ciebie nie było, mówiliśmy o tobie. Zgadnij, kto to powiedział" i czyta kolejne zdania, dając chwilę na przyswojenie sobie poszczególnych opinii i odgadnięcie, kto mógł to powiedzieć. Jeśli trudno jest zgadnąć – prowadzący ujawnia „plotkującego".

W ćwiczeniu nie jest istotne, czy osoba omawiana odgadnie autora opinii, czy nie – jego celem jest to, by uczestnicy usłyszeli pozytywne zdania na swój temat. Próba odgadnięcia autora ma jedynie rozproszyć uwagę odgadujących, bo zbyt duża dawka pozytywów na raz byłaby trudna do przyjęcia.

Ćwiczenie to wywołuje w uczestnikach bardzo dużo emocji: radość, zadowolenie, niedowierzanie, zakłopotanie. Ważne, żeby omawiana osoba powiedziała, co czuje po usłyszeniu opinii na swój temat. Zwykle mówi, że tak dużo ciepłych słów naraz nigdy nie słyszała, że na co dzień się tego nie mówi i nie przypuszczała, iż ludzie ją tak odbierają. Omawiane osoby dostają na pamiątkę kartkę z opiniami o sobie.

Ćwiczenie to można wykonać nie tylko w grupie treningowej, świetnie sprawdza się też na spotkaniach towarzyskich.

Emocje uczestników pokazują, jak powszechny jest niedosyt akceptacji, jak często pojemnik z tą potrzebą jest w dużej części pusty. Skoro tak się dzieje, to może warto pozwolić sobie i innym na uzupełnienie tego braku?

Słysząc np.: „Ładnie wyglądasz w tej sukience", masz prawo odpowiedzieć: „Dziękuję, mnie też się podoba".

Zapamiętaj

Warto uruchomić w sobie dziecięcą swobodę, naturalność i z pozycji Wewnętrznego Dziecka wyrazić radość, podziw i zadowolenie, i równie naturalnie je przyjmować.

Pozytywne opinie skuteczniej wpływają na zmianę zachowań niż krytyka. Ludzie mają skłonność do powtarzania tych zachowań, które są akceptowane przez innych, co oznacza, że pochwała może wzmocnić zachowania pożądane.

Czyli np. informacja: „Starannie posprzątałeś swój pokój. To się nazywa porządek!" bardziej sprzyja utrzymaniu porządku w pokoju dziecka niż krytyka typu: „Jaki tu bałagan! Kiedy wreszcie posprzątasz?".

Musi to być jednak prawdziwa, autentyczna akceptacja danego zachowania, bo wszelka nieszczerość i fałsz zostaną rozpoznane i będą nieskuteczne. Do tematu pozytywnego modelu wychowania powrócimy w rozdziale 14.

Obserwując dzieci, w domu, przedszkolu czy szkole, zauważamy czasem, jak bardzo potrzebują akceptacji, jak wiele wysiłku wkładają w to, by zwrócić na siebie uwagę, robiąc przy tym nawet rzeczy nieakceptowane społecznie. Warto zatem dać im tę uwagę, wyrazić swoją akceptację, by budować ich poczucie własnej wartości, dzięki czemu w dorosłym życiu będą potrafiły swobodnie mówić i przyjmować pochwały i pozytywne opinie.

Warto wyrażać wszystkie emocje, nie tylko te trudne, lecz także radość, sympatię, zadowolenie, podziw.

Zapamiętaj

Akceptując innych, pozwalasz im akceptować siebie (na zasadzie: „ktoś mnie lubi, więc jestem OK"). Będziesz w stanie w naturalny sposób zaakceptować innych, gdy wcześniej zaakceptujesz siebie samego. Wtedy swobodnie i spontanicznie potrafisz wyrazić to, co czujesz – i przyjąć to samo od innych.

Ja jestem OK – ty jesteś OK!

Podsumowanie

1. Trudność w przyjmowaniu i wyrażaniu pozytywnych opinii jest skutkiem wychowania, bazującego na krytykowaniu, pokazywaniu słabych stron.
2. Z tego właśnie powodu łatwiej jest nam przyjmować uwagi krytyczne, bo wiemy, jak się wtedy zachować i jaką przyjąć postawę.
3. Gdy spotykamy się z komplementami, czujemy się zawstydzeni, zażenowani, umniejszamy chwaloną cechę, podejrzewamy, że ktoś czegoś od nas oczekuje.
4. Wyrażanie pozytywnych opinii najłatwiej przychodzi z obszaru Wewnętrznego Dziecka – warto go w sobie uruchomić.
5. Wtedy mówimy naturalnie i spontanicznie o tym, co czujemy: o radości, zadowoleniu, sympatii itp.
6. Skutecznym sposobem modyfikacji zachowań, czyli wzmacniania zachowań pożądanych, jest wyrażanie pozytywnych informacji o tych zachowaniach.
7. Musi to być jednak autentyczna akceptacja danego zachowania; wszelki fałsz i nieszczerość są wyczuwalne i nieskuteczne.
8. Trudność w przyjmowaniu i wyrażaniu pozytywów wynika z braku zaspokojenia potrzeby akceptacji.
9. Wyrażając akceptację wobec innych, pozwalasz, by oni mogli zaakceptować siebie.
10. Aby było to możliwe, ty wcześniej musisz zaakceptować siebie samego, tak by funkcjonować z pozycji: „Ja jestem OK – ty jesteś OK".

Część trzecia

Asertywność w pracy i w domu

Z tej części dowiesz się:

- na ile umiejętności asertywnego zachowania mogą być przydatne w życiu zawodowym;
- jak asertywnie reagować w kontaktach z klientem, w zespole pracowników, w relacji ze zwierzchnikiem;
- jak asertywność rodziców wpływa na budowanie asertywnych zachowań dziecka.

Rozdział 13

Asertywność a wypalenie zawodowe

Z tego rozdziału dowiesz się:

- co to jest wypalenie zawodowe i jak je rozpoznać;
- w jakim stopniu twoje nieasertywne reakcje mogą być przyczyną wypalenia zawodowego;
- jak przeciwdziałać wypaleniu zawodowemu.

Spróbuj odpowiedzieć na poniższe pytania:

- Czy po powrocie do domu nadal myślisz o pracy?
- Czy zdarza ci się budzić w nocy i rozważać sytuacje zawodowe?
- Czy myślisz o nich z niechęcią, rozdrażnieniem, smutkiem?
- Czy miewasz poczucie braku własnych kompetencji?
- Czy obawiasz się krytycznej oceny zwierzchnika?
- Czy w zespole pracowników są osoby, których się obawiasz albo które cię irytują?
- Czy obawiasz się krytycznej oceny klienta/podopiecznego?
- Czy masz poczucie, że koledzy z pracy lub zwierzchnicy naruszają twoje granice?
- Czy rano z niechęcią idziesz do pracy?
- Czy potrafisz wyrazić swoje zdanie w grupie pracowników?
- Czy pogarsza ci się samopoczucie, częściej chorujesz?
- Czy w pracy często patrzysz na zegarek, sprawdzasz, ile czasu jeszcze zostało do końca?
- Czy objadasz się, palisz więcej papierosów, pijesz alkohol?
- Czy zdarza ci się wyśmiewać z klientów/podopiecznych za ich plecami?
- Czy irytują cię zachowania klientów?

Jest wiele definicji wypalenia zawodowego. Przyjmijmy tutaj, na potrzeby naszego poradnika, że jest to:

Cytat

„[Wypalenie zawodowe to] stan wyczerpania fizycznego, umysłowego i emocjonalnego, spowodowany długotrwałym udziałem w sytuacjach wymagających dużego wysiłku emocjonalnego. Towarzyszą mu rozmaite objawy, obejmuje fizyczne wycieńczenie, poczucie bezradności i beznadziejności, utratę złudzeń, negatywne wyobrażenie o sobie oraz negatywne postawy wobec pracy, ludzi i życia".

***Richard K. James** i **Burl E. Gilliland**, Strategie interwencji kryzysowej*

James i Gilliland przedstawili również stadia wypalenia zawodowego:

Stadium 1. Entuzjazm: pracownik podejmuje działania z wielkimi nadziejami i nierealistycznymi oczekiwaniami. Jeśli tej postawy nie zweryfikuje się np. programami szkoleniowymi, to takie wyidealizowane spojrzenie (...) nieuchronnie prowadzi do stagnacji.

Stadium 2. Stagnacja: następuje wtedy, gdy pracownik zaczyna odczuwać, że jego potrzeby osobiste, finansowe i zawodowe nie są zaspokajane (...). Jeśli brak jest wzmocnień wewnętrznych i zewnętrznych, to u pracownika może wystąpić kolejne stadium: frustracja.

Stadium 3. Frustracja: wyraźnie wskazuje na to, że pracownik znalazł się w bardzo trudnej sytuacji. Zaczyna kwestionować skuteczność, wartość i wpływ wysiłków podejmowanych w obliczu nieustannie piętrzących się trudności. Skutki wypalenia mogą łatwo wpłynąć na inne osoby z personelu (...). Wychwycenie problemów na tym etapie (i konstruktywne ich rozwiązanie) może doprowadzić do powrotu do bardziej już stonowanego stanu entuzjazmu. Jeśli problem nie zostanie rozwiązany, to dociera się do stanu końcowego: apatii.

Stadium 4. Apatia: jest wypaleniem. To długotrwałe zobojętnienie na sytuację, wymagające podjęcia szczególnej interwencji. Apatia jest stadium kryzysowym: człowiek znajduje się w stanie nierównowagi i niezdolności do działania. Dodatkowe pogorszenie tego stanu powodowane jest brakiem obiektywizmu w pojmowaniu tego, co się dzieje. Na tym etapie zalecana jest psychoterapia.

Powszechnie wiadomo, że lepiej zapobiegać, niż leczyć. Co zatem można zrobić, by zapobiec zjawisku wypalenia zawodowego?

Przyczyny wypalenia zawodowego można podzielić na wewnętrzne (osobiste) i zewnętrzne (interpersonalne, organizacyjne). A inaczej mówiąc: to przyczyny, na które mamy wpływ i możliwość zmiany, i te, na które nie mamy wpływu.

Zapamiętaj

Największy wpływ mamy na siebie i możemy zmienić przede wszystkim siebie i swoje reakcje.

Nie zawsze przecież mamy wpływ na strukturę organizacji, jej systemy, zarządzanie itd. Ale nawet jeśli nie mamy na coś wpływu, to i tak zawsze mamy wybór: pozostać i pogodzić się z tym lub odejść.

Spróbujmy przyjrzeć się obszarom, które możemy zmienić, na które mamy wpływ:

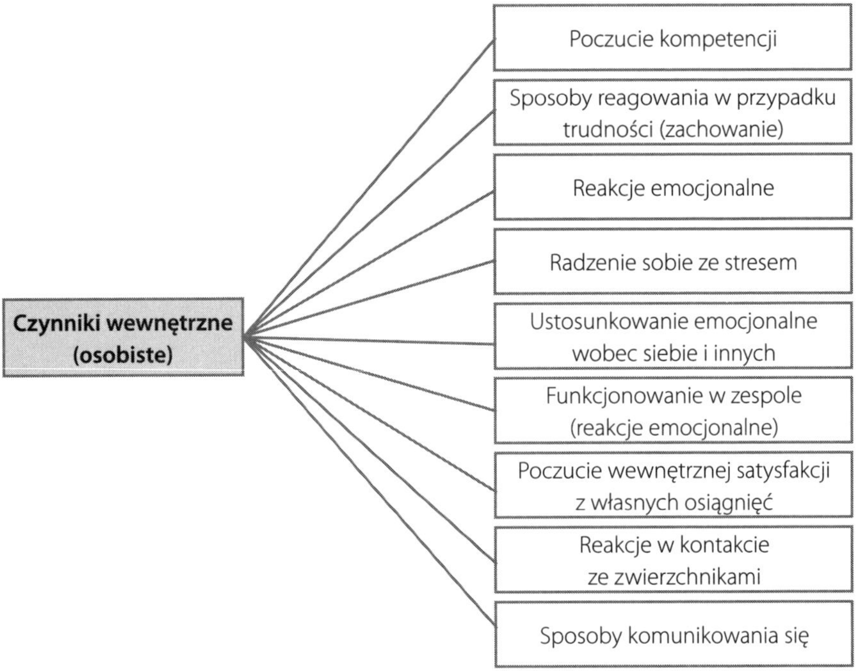

Rys. 13.1. Czynniki wewnętrzne (osobiste)

Nasuwa się wniosek, iż we wszystkich tych obszarach przydatne okazują się asertywne modele reagowania, chroniące własne terytorium i szanujące granice innych, bazujące na odbiorze siebie i innych na zasadzie „Ja jestem OK – ty jesteś OK".

Asertywność pozwala na zapobieganie i przeciwdziałanie wypaleniu zawodowemu.

Asertywne reagowanie w kontaktach z klientem

Zasady profesjonalnej obsługi klienta wymagają, by traktować go uprzejmie, z szacunkiem i życzliwością. Każdy z nas, będąc w roli klienta, życzyłby sobie takiego traktowania. Często zdarza się bowiem, że występujemy w różnych rolach, czasem klienta, czasem pracownika. Spotykamy się jednak z różnymi reakcjami ze strony klientów i sami różnie reagujemy na te reakcje.

Podstawowym warunkiem asertywnego reagowania jest to, żeby postawy klienta nie odnosić do siebie, nie traktować w kategoriach osobistych. Przyda się tu zasada rozdzielania problemów.

Jeśli mamy do czynienia z klientem roszczeniowym, agresywnym, nazbyt wymagającym, to jest to jego sposób reagowania w różnych okolicznościach, a ty po prostu jesteś przypadkowym obiektem i nie masz nic wspólnego z jego frustracją. Nie ma więc potrzeby odbierać jego ataków osobiście, jako skierowanych przeciwko tobie. To jest jego problem, że tak reaguje.

Takie rozumowanie i świadomość zjawiska przeniesienia (przenoszenie emocji z ważnych obiektów na inne) pozwoli ci asertywnie zareagować z pozycji Wewnętrznego Dorosłego i ochronić swoje terytorium.

Wyobraź sobie taką scenkę:

Klient: „To skandal, że nie przyznano mi tego kredytu! Co za bezduszni ludzie pracują w tym banku!".

Pracownik banku: „Rozumiem pana rozczarowanie, ale musimy postępować zgodnie z kryteriami".

Klient: „No tak, kryteria są bez sensu! Parę groszy mi zabrakło!".

Pracownik banku: „Rozumiem".

Pracownik banku mógłby odebrać osobiście przytyk na temat „bezdusznych ludzi", ale tego nie zrobił. Zareagował asertywnie, wyrażając zrozumienie dla emocji klienta, jednocześnie odwołując się do kryteriów – wyznaczył granice. Stosował przy tym technikę „zdartej płyty", powtarzając słowo „rozumiem".

W bardzo trudnej sytuacji znajdują się pracownicy ośrodków pomocy społecznej, którzy muszą np. odmówić klientowi pomocy finansowej. Z ludzkich, emocjonalnych względów chcieliby tej pomocy udzielić, jednak klient nie spełnia wymaganych kryteriów lub jego dochody przekraczają możliwy próg finansowy. Poczucie bezsilności, czasem nawet obwinianie się, może sprzyjać wypaleniu zawodowemu pracowników. Warto wtedy pamiętać, że to nie jest wina pracownika. Klientowi można zaproponować inne formy pomocy, np. kurs rozwoju osobistego, co pozwoli na budowanie jego własnej sprawczości i wzmocnienia na tyle, by np. był w stanie podjąć pracę.

Bywają ludzie, u których można zaobserwować reakcje warunkowane „syndromem dziecka krzywdzonego": wiecznie niezadowoleni, narzekający, stale krytykujący. Wydawałoby się, że ich potrzeby są tak ogromne, że aż niemożliwe do zaspokojenia. W charakterze klientów są trudni do zniesienia. Jeśli jednak pracownik koncentruje się na objawach i nie bierze ich zachowań do siebie, jest w stanie reagować asertywnie.

Przykład

Pewna instytucja zorganizowała trening rozwoju osobistego, który trwał kilka dni. Uczestnicy treningu nie pokrywali kosztów, a dodatkowo mieli zapewnione pełne wyżywienie. Jedna z uczestniczek żywo interesowała się posiłkami, bez przerwy niepokojąc się, co będzie na obiad, czy przywiozą na czas, czy będzie wystarczająco ciepły i smaczny. Czekała z niecierpliwością na przerwę obiadową, ale gdy posiłek docierał na miejsce, zawsze była rozczarowana. Albo tego właśnie nie lubiła, albo spodziewała się innej surówki, albo jeszcze coś innego... Zawsze była niezadowolona i do końca dnia demonstracyjnie okazywała rozczarowanie. Organizatorzy odpowiedzialni za posiłki na zmianę czuli się winni i poirytowani.

Po czasie okazało się, że kobieta przez wiele lat w dzieciństwie cierpiała głód. U podłoża jej nieadekwatnych reakcji leżały właśnie doświadczenia z tamtego okresu.

Poznawszy przyczynę zachowań klientki, organizatorzy mogli nabrać dystansu i spokojnie, ze zrozumieniem, znosić zarzuty, że potrawy jej nie smakują. Nastąpiło przesunięcie paradygmatu (patrz rozdział 11), które pozwoliło pracownikom na empatię i akceptację, eliminowało ich poczucie winy i irytację.

W tym akurat przypadku pracownicy poznali przyczyny reakcji klientki, ale nie zawsze jest to możliwe. Niemniej jednak warto zachować dystans do wszystkich zachowań klientów, nie odnosić ich do siebie i pozostawić problem reakcji emocjonalnych po ich stronie. Wtedy można reagować profesjonalnie, z pozycji Wewnętrznego Dorosłego.

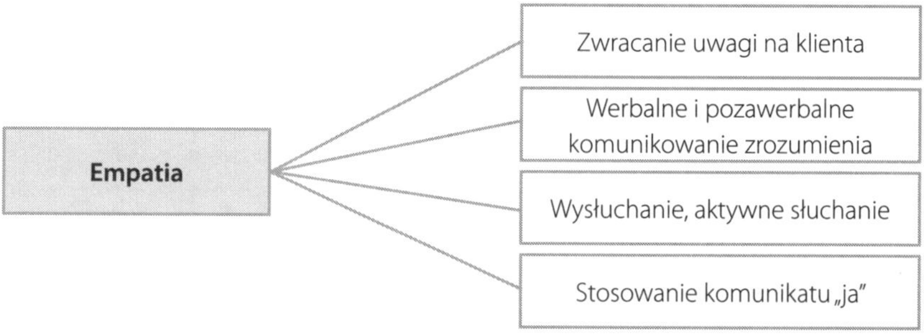

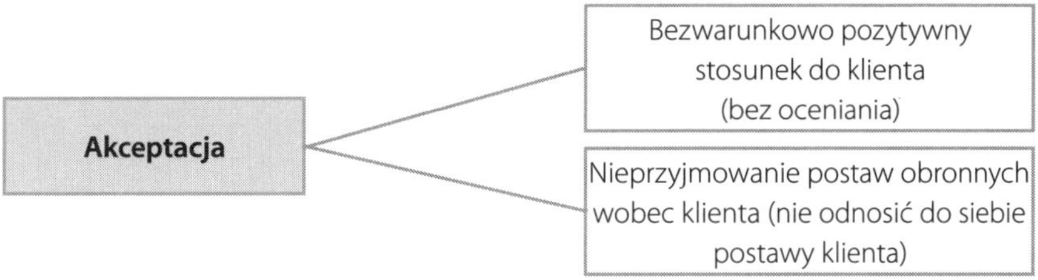

Rys. 13.2. Warunki kontaktu z klientem

Spełnienie powyższych warunków jest podstawą asertywnego reagowania na klienta. Przeciwdziała wypaleniu zawodowemu w tym obszarze i daje poczucie satysfakcji oraz zadowolenia z konstruktywnych relacji. Asertywne reagowanie mogą stosować właściwie wszystkie grupy zawodowe, które wymagają nawiązywania relacji międzyludzkich: pracownicy sklepów, banków, urzędów, ośrodków pomocy, firm usługowych, placówek oświatowych itd.

Wiele emocji budzą np. relacje pracowników i klientów w placówkach oświatowych – przedszkolach czy szkołach. Zajmijmy się więc teraz relacjami między rodzicami a nauczycielami. Tematyce wychowania dzieci będzie poświęcony następny rozdział.

Klientem placówek oświatowych są niewątpliwie dzieci i ich rodzice, jednak nie zawsze pracownicy, czyli nauczyciele i wychowawcy, odbierają ich w tych kategoriach. Kontakt z klientem, czyli np. z rodzicami, może być niejednokrotnie jednym z powodów wypalenia zawodowego. Zastanówmy się zatem, jakie nieświadome siły rządzą tymi relacjami, skoro budzą one tak wiele emocji.

Na początek przyjrzyjmy się emocjom, jakie pojawiają się po obu stronach. Podana niżej tabela jest efektem wielu zajęć warsztatowych dla nauczycieli, poświęconych pracy z dziećmi przejawiającymi zaburzenia zachowania i kontaktom z ich rodzicami.

Emocje nauczycieli wobec rodziców	Emocje rodziców wobec nauczycieli
Złość Strach, lęk Rozczarowanie Współczucie, żal Poczucie winy Irytacja Szacunek, zrozumienie	Strach, lęk Złość Irytacja, rozczarowanie Poczucie winy Poczucie krzywdy Niesprawiedliwość Szacunek, zrozumienie

Jak widać, obie strony znajdują się w stanie podobnego napięcia, które jedynie podsyca reakcje agresywno-obronne. W tle pojawia się poczucie winy, które budzi złość i chęć obrony. Stąd tak częste przerzucanie się odpowiedzialnością za wychowanie dziecka – kto tak właściwie ma to robić: rodzice czy szkoła? Oczywiste jest, że system wartości dziecka i jego samoocena kształtują się w relacjach z rodzicami (patrz część I).

Placówki oświatowe mogą jedynie modyfikować pewne obszary, ale podstawy tkwią w domu. Natomiast nauczyciele to bardzo ważne, symboliczne autorytety, i warto o tym pamiętać, nawet jeśli wydaje się, że jest inaczej. Zarówno dzieciom, jak i rodzicom bardzo zależy na akceptacji nauczyciela, dlaczego więc nauczyciel miałby im tej akceptacji nie okazać?

Zrozumienie, że różne reakcje emocjonalne mogą być skutkiem mechanizmu przeniesienia, pozwala nabrać dystansu i profesjonalnie, skutecznie reagować w relacjach z klientem, jakim jest rodzic. Klient może być roszczeniowy, agresywny, bierno--agresywny, współpracujący itd. – taki po prostu jest i tak zachowuje się w różnych sytuacjach, nie tylko w szkole. Nie ma więc powodu, by te zachowania odnosić do siebie, traktować jako atak na swoją osobę. Dla rodzica nauczyciel (niezależnie od wieku) jest ważnym autorytetem i kontakt z nim może przypominać mu własne, niekoniecznie miłe, sytuacje z czasów szkolnych. A to, że w relacjach z autorytetami mogą pojawić się różne reakcje (patrz podrozdział *Asertywność w relacji z autorytetem*), wywodzące się ze struktury psychicznej danej osoby, jest jej problemem.

Poniżej przedstawiono przykładowe zasady rozmowy z rodzicem (klientem).

Rozmowa z rodzicem dziecka z zaburzeniami zachowania

Przed rozmową pamiętaj, że rodzic:

- Uważa cię za ważny autorytet, który może negatywnie ocenić jego rodzicielskie kompetencje.
- Często ma silne (uświadomione lub nie) poczucie winy, że gdzieś popełnił błąd wychowawczy – taki stan może budzić reakcje agresywne, np. próby przerzucenia winy na wychowawcę, nauczyciela.
- Może mieć poczucie bezradności, połączone ze wstydem, że sobie nie radzi.
- Boi się, iż usłyszy to, o czym dobrze wie, czyli opowieści o tym, co dziecko znowu złego zrobiło.

W trakcie rozmowy z rodzicem:

- Zadbaj o odpowiednie miejsce i czas rozmowy (bez pośpiechu, w sprzyjających warunkach).
- Nie oceniaj zachowania dziecka, lecz potraktuj je jako skutek, którego przyczynę należy odnaleźć, by móc konstruktywnie pomóc.
- Pamiętaj, że waszym wspólnym celem jest pomóc dziecku przezwyciężyć trudności.
- Jeśli zaoferujesz rodzicowi pomoc i wsparcie, jest duża szansa, że obdarzy cię zaufaniem i poczuje ulgę, że nie oskarżasz go, lecz rozumiesz trudności.
- Gdy rodzic ci zaufa, możesz konstruktywnie zastanowić się nad przyczynami kłopotów i próbować im zaradzić.
- Gdy rodzic poczuje się odciążony i nabierze zaufania oraz przełamie poczucie winy i wstydu, może opowiedzieć ci o rzeczywistej sytuacji rodzinnej.
- Uważnie wysłuchaj rodzica – wtedy poczuje się zrozumiany, uwierzy w twoje zainteresowanie i chęć pomocy.
- Możecie wtedy razem zastanowić się, jak polepszyć stosunki w rodzinie, jak umocnić więzi.
- Może okazać się, że problem jest zbyt poważny, byście mogli go razem rozwiązać, wtedy warto poszukać pomocy na zewnątrz rodziny, sięgnąć po pomoc specjalistyczną.
- Pamiętaj o stosowaniu zasad komunikacji: masz być czynnym słuchaczem, nie oceniać, nie krytykować, nie udzielać rad, nie przerywać rozmówcy.

Placówki oświatowe są miejscem, w którym budzi się wiele silnych emocji, lecz powyższe zasady komunikacji z klientem warto stosować także w innych instytucjach.

Wszędzie przydatne są zasady asertywnego reagowania: szacunek dla cudzych i własnych granic, emocjonalny stosunek do rozmówcy na zasadach „Ja jestem OK – ty jesteś OK", profesjonalne reakcje z poziomu Wewnętrznego Dorosłego. Gdy opanujesz te umiejętności, będziesz w stanie uniknąć wypalenia zawodowego.

Asertywne reagowanie w zespole pracowników

Zespół pracowników to – ewolucyjnie rzecz ujmując – pewnego rodzaju „stado", w którym występuje określona hierarchia, kształtują się role, pojawiają się różne emocje i oczekiwania. W związku z hierarchią i rolami w grupie często dochodzi do rywalizacji: o sukcesy, względy szefa, pozycję w zespole. Z jednej strony są to naturalne zjawiska, występujące w przyrodzie od zawsze, ale z drugiej – miejsce pracy jest jednym z najbardziej stresogennych obszarów w naszym życiu, biorąc pod uwagę, ile spędzamy tam czasu wolnego od snu. Relacje interpersonalne są niezwykle istotnym elementem wypalenia zawodowego – wiele osób rezygnuje z pracy właśnie z powodu trudnych relacji w zespole. Przykre stosunki ze współpracownikami często pochłaniają masę energii, która mogłaby być spożytkowana na korzyść firmy.

Zespół pracowników jest pewnego rodzaju całością, grupą, zarazem składa się z jednostek, poszczególnych osób. Dobrze byłoby, żeby zespół był zintegrowany, czyli zapewniał swoim członkom duże poczucie bezpieczeństwa i wzajemnej akceptacji, tak aby pracownicy czuli, że należą do siebie nawzajem. Nasuwa się tu analogia do oczekiwań zaspokojenia potrzeb psychicznych, jak u dziecka w rodzinie. Symbolicznie tak właśnie jest: grupa to jakby substytut matki, dlatego tak silna jest potrzeba akceptacji przez grupę i tak intensywne są emocje, gdy grupa nas nie akceptuje lub odrzuca.

Wiele firm organizuje np. imprezy integracyjne dla swoich pracowników, by poprzez wspólną zabawę zacieśniali więzi.

Poczucie więzi to tylko jeden z elementów grupy, ponieważ składa się ona z jednostek, które wzajemnie na siebie oddziałują i każda z nich wnosi coś swojego. Z tego powodu niekiedy trudno jest znaleźć wspólny język z niektórymi członkami grupy, szczególnie tymi, którzy wykazują swego rodzaju zaburzenia osobowości. Alan A. Cavaiola i Neil J. Lavender w swojej książce *Toksyczni koledzy. Jak postępować z trudnymi współpracownikami* Parabola orła (Warszawa 2008, s. 11-13) przedstawiają poszczególne typy zaburzeń osobowości i radzą, jak się wobec nich zachowywać.

Cytat

„Zaburzenia osobowości to szczególny typ nieprawidłowości psychologicznych, których istnienie nie jest szeroko znane, także kierownictwu większości zakładów pracy. Są znacząco odmienne i potencjalnie bardziej niebezpieczne niż inne typy zaburzeń, takie jak depresja czy stany lękowe. Stanowią poważne wyzwanie dla firm, gdyż konieczność współdziałania z osobnikiem zaburzonym jest jedną z najbardziej stresowych sytuacji, z jakimi możemy się zetknąć w miejscu pracy (...).

- *Zaburzenie paranoidalne: podejrzliwość, nieufność, chłód emocjonalny.*
- *Zaburzenie schizotypalne: dziwactwo, skrajny ekscentryzm (...). «Pewien znany nam osobnik tego typu mieszkał w samochodzie».*
- *Zaburzenie schizoidalne – niechęć do bliskich kontaktów, brak przyjaciół, brak zrozumienia dla ludzi i ich potrzeb.*
- *Zaburzenie antyspołeczne: zanika wyczucie moralne albo nie ma go wcale. Życiowe motto: «Rób to, co tobie miłe. Potem odejdź». Dotyczy przeważnie mężczyzn.*
- *Zaburzenie narcystyczne: skrajny egocentryzm, przeświadczenie o własnej ważności, niezdolność do przyjęcia cudzego punktu widzenia. Umiarkowany narcyzm może być całkiem korzystny, często występuje wśród kadry kierowniczej. Motto: «Co zrobiłeś dla mnie ostatnio?».*
- *Zaburzenia histrioniczne: przesadna emocjonalność, dramatyzowanie, zapalczywość, a zarazem powierzchowność. Dotyczy przeważnie kobiet.*
- *Zaburzenia borderline: zmienność nastrojów, łatwe wpadanie w gniew, wysoka intensywność i burzliwość związków z ludźmi. Prawdopodobnie najczęściej ze wszystkich prowadzi do sądu.*
- *Zaburzenie obsesyjno-kompulsywne: przesadna skrupulatność i drobiazgowość, obsesyjne przywiązanie do punktualności, skrajny perfekcjonizm. Podobnie jak w wypadku narcyzmu, zaburzenie to w wersji umiarkowanej może sprzyjać sukcesom.*
- *Zaburzenie ucieczkowe: lęk przed kontaktami z ludźmi, nieśmiałość. Firmowa «szara myszka».*
- *Zaburzenie zależnościowe: niezdolność do podejmowania decyzji, potrzeba ciągłej asekuracji. Dobry, choć niezbyt mocny członek zespołu, zwykle bardzo lojalny wobec firmy (...).*
- *Zaburzenie bierno-agresywne: złość, ale bez jej otwartego okazywania. Wyraża się pośrednio przez niedbałą pracę, pretensje do zwierzchników i przedstawicieli władz, opieszałość i bierny opór.*

Z każdym spośród opisanych powyżej typów osobowości wiążą się określone, charakterystyczne dla niego cechy i zachowania, które do pewnego stopnia można przewidywać. Niekiedy zachowania te mogą być w pełni funkcjonalne i korzystne dla jednostki. W innych jednak wypadkach, kiedy zaburzenie osobowości jest zbyt silne, dotknięta nim osoba zaczyna zachowywać się w sposób nieracjonalny, autodestrukcyjny i szkodliwy dla społecznej tkanki zakładu pracy".

Trudno jest patrzeć diagnostycznie na kolegów czy koleżanki z pracy, lecz dla ochrony siebie warto mieć świadomość, że bywają różne typy osobowości i jej zaburzenia, że bywają pewne sytuacje ostrzegawcze, które sygnalizują konieczność wyznaczenia własnych granic, umocnienia naszego „płotka".

Pracując wśród ludzi, spotykamy się z różnymi niezrozumiałymi i zaskakującymi sytuacjami, które mogą być dla nas toksyczne, np.:

- ktoś ma wieczne poczucie krzywdy, czuje się wykorzystywany przez otoczenie, ma poczucie, że się poświęca – a w rzeczywistości sam wykorzystuje bez skrupułów kogo się da (bez świadomości, że tak właśnie czyni);
- ktoś zaskakuje zmiennymi decyzjami, a sam mawia do innych: „nie mogłeś mnie uprzedzić?";
- ktoś wymawia innym, ile zrobił dla nich i dla firmy – ale rzeczywistość wygląda inaczej niż w jego odbiorze;
- ktoś przeżywa wzloty i upadki – raz ma poczucie mocy, siły, niemal euforii, innym razem jest w skrajnej depresji.

Można by podać setki takich przykładów. Ważne jest, że świadomość różnorodności ludzkich zachowań pozwala nabrać dystansu i nie odnosić do siebie ich postaw – a w konsekwencji wyznaczyć własne granice.

Podobnie jak w przykładzie przedstawionym w rozdziale 3, także w grupie zawodowej ludzie mogą występować w analogicznych rolach:

- **Dziecko-bohater:** zwykle bywa liderem zespołu. Sumienny, odpowiedzialny perfekcjonista, zawsze można na niego liczyć. Ma skłonność do przyjmowania na siebie nadmiaru obowiązków, co przypłaca np. wypaleniem zawodowym lub problemami zdrowotnymi, bezsennością itp. Wybiera zawody związane z odpowiedzialnością i niesieniem pomocy innym. Wszystko zauważy i wszystkiego dopilnuje.
- **Kozioł ofiarny:** w zespole bywa tym, na kogo można zwalić winę, ale też sam nieświadomie prowokuje konfliktowe sytuacje, o czymś zapomni, coś zaniedba, a przy tym bywa drażliwy i wybuchowy.
- **Maskotka:** zabawny, poczuciem humoru obniża napięcie, żartami rozładowuje trudne sytuacje, ale bez wglądu w ich istotę. Popularny w grupie, często dusza towarzystwa.
- **Dziecko we mgle:** unika relacji z ludźmi, woli pracować w samotności, wycofuje się z kontaktów. Nie lubi zabierać głosu na forum grupy, woli indywidualne zadania, robi wiele, żeby nie zwracano na niego uwagi.

Tak jak w każdej typologii, tu też nie ma stuprocentowo czystych typów, zwykle jednak ktoś przejawia główne cechy którejś z ról, ewentualnie z domieszką innych. W różnych opracowaniach można spotkać rozmaite określenia poszczególnych ról grupowych, tu jednak kontynuujemy wcześniej przyjętą typologię.

W zespołach pracowników można spotkać po kilka osób występujących w podobnej roli, np. wiele dzieci-bohaterów wybiera takie zawody, jak pielęgniarka, lekarz, nauczyciel, pedagog, pracownik socjalny itp., czyli związane z jego strukturą funkcjonowania. W innych zawodach dziecko-bohater również przejawia właściwe sobie cechy.

Warto przede wszystkim rozpoznać własny sposób funkcjonowania, by odnaleźć właściwą dla siebie drogę do zmiany – o ile jest taka potrzeba.

Znane są różne techniki komunikacji międzyludzkiej, zmierzające do asertywnej obrony własnych granic, lecz trzeba mieć świadomość, że samo nauczenie się konkretnej techniki może nie być skuteczne. Aby być skutecznym i przekonującym, trzeba najpierw dać sobie prawo do odbierania siebie i innych na zasadzie „Ja jestem OK – ty jesteś OK", czyli zbudować własne, adekwatne poczucie wartości. Wtedy znajomość technik może się przydać, ale i tak wyznaczasz granice w naturalny sposób.

Oto kilka przykładowych technik asertywnej obrony własnych granic:

1. **Zdarta (zacinająca się) płyta:** w odpowiedzi na zarzuty powtarzanie własnego punktu widzenia, spokojnie, bez ulegania prowokacjom. Techniką zdartej płyty nie atakujesz drugiej osoby, lecz powtarzasz swoją kwestię.
   A: Nie zadzwoniłeś, że się spóźnisz! Nie można na ciebie liczyć.
   B: Rozładował mi się telefon.
   A: Zawsze tak robisz, to denerwujące!
   B: Popatrz, rozładował mi się telefon.

2. **Zasłona dymna (technika pozornego ustępstwa):** przyznanie racji drugiej osobie w tym, co może być słuszne, ale bez wdawania się w dyskusję.
   A: Nigdy nie można się do ciebie dodzwonić, gdy jest coś ważnego! Ciągle masz rozładowany telefon.
   B: To możliwe.
   (Warto przy okazji zastanowić się, czy druga osoba nie ma racji w swojej krytyce).

3. **Odroczenie:** polega na przesunięciu w czasie ważnej rozmowy, do momentu, gdy będziemy do niej gotowi.
   A: To przez ciebie nie załatwiłem ważnej sprawy, bo nie mogłem się do ciebie dodzwonić.
   B: Rozumiem, ten temat ciągle powraca, porozmawiajmy o tym jutro, dobrze?

4. **Zmiana perspektywy:** przesunięcie punktu widzenia, spojrzenie na rozmówców jakby z boku.
   A: Ciągle nie można się do ciebie dodzwonić!
   B: Wiesz, chyba oboje jesteśmy bardzo zmęczeni tym sprawozdaniem.

5. **Ignorowanie niepożądanych zachowań:** technika ta stosowana jest do obniżania napięcia, gdy rozmówca jest bardzo zdenerwowany. Ważny jest spokojny ton głosu i wyraz twarzy.
   A: To przez ciebie, przez twój milczący telefon, nie załatwiłem swojej sprawy!
   B: Mam wrażenie, że jesteś bardzo zdenerwowana, porozmawiamy o tym jutro.

6. **Zgoda:** pozwala na oddzielenie oceny całej osoby od jej zachowania oraz na zmianę sposobu krytyki.
   A: To przez ciebie nie załatwiłam sprawy.
   B: Masz rację, ale zwykle staram się odbierać telefon i pilnuję, żeby był naładowany.

7. **Pytanie:** ta technika pokazuje, czy krytyka rzeczywiście jest konstruktywna. Jeśli pytanie jest zadane spokojnie i ze zrozumieniem, pozwala na obniżenie napięcia.
   A: Znowu przez ciebie nie załatwiłem tej sprawy!
   B: Co twoim zdaniem mógłbym zrobić?

Każda z tych technik będzie skuteczna, gdy zachowamy spokój i opanowanie. Jeśli natomiast ton głosu (ironiczny, sarkastyczny), wyraz twarzy, oczu bądź postawa ciała pokazują, że w rzeczywistości zarzuty rozmówcy nas złoszczą lub smucą, to porozumienie nie będzie możliwe, bo wysyłamy wtedy sprzeczne komunikaty, i napięcie jeszcze bardziej wzrośnie.

Jeśli damy sobie prawo do popełniania błędów, możemy spokojnie i asertywnie przyjąć krytykę, stosując techniki obniżające napięcie, bez przyjmowania postawy obronnej.

Jeśli spotykamy się w pracy z różnymi ludźmi, rozmaitymi osobowościami, często mamy ochotę ich zmienić. W rzeczywistości nie jest to jednak możliwe. Mamy wpływ głównie na siebie i to my możemy zmienić sposób reagowania. Oczekiwanie, że inni się zmienią, jest nierealne – o ile oni sami tego nie zechcą. Jak w starym dowcipie: Ilu trzeba psychologów, by zmienić żarówkę? Wystarczy jeden, ale żarówka musi chcieć.

Indywidualne relacje międzyludzkie mają bardzo duży wpływ na funkcjonowanie zespołu, lecz warto spełnić jeszcze kilka warunków, by ułatwić asertywne reagowanie i integrację grupy.

- **Jasno określone i szanowane granice:** ważne są wszystkie możliwe granice: odpowiedzialności, kompetencji, przydziału czynności, finansowe, czasu pracy. Jasno określone granice budują poczucie bezpieczeństwa, wiadomo, czego się spodziewać, co będzie później itd., pozwalają na przewidywalność.
- **Czyste relacje w zespole:** nie ma możliwości, by w grupie ludzi wszyscy mieli podobne zdanie albo wszyscy się lubili. Jeśli członkowie grupy mają poczucie bezpieczeństwa, to będą potrafili asertywnie mówić do siebie o swoich emocjach, różnicach zdań, poglądów itd., czyli wyjaśniać relacje między sobą, żeby oczyścić atmosferę. Nawet jeśli ktoś się na kogoś zdenerwuje, to po prostu wyjaśniają sobie, o co chodzi, i po sprawie.
- **Czyste relacje w kadrze kierowniczej:** to jak w rodzinie – jeśli relacje między rodzicami układają się dobrze, to z dziećmi też nie ma problemu. Jeśli pomiędzy kierownictwem panuje atmosfera konstruktywnego porozumienia, to działa to pozytywnie na pracowników. Konflikty na górze, nawet ukryte, wpływają destruktywnie na zespół.
- **Zrozumienie uczuć i emocji:** ważne, by rozumieć, a nawet akceptować takie zjawiska, jak np. zazdrość czy rywalizacja. Jeśli czegoś się wypieramy, nie akceptujemy tego, to wraca to ze zdwojoną siłą, poza świadomością. Nie ma możliwości, żeby nie było w grupie rywalizacji. To naturalne zjawisko i jeśli oswoimy się z nim, przestaje być zagrażające i destrukcyjne. Nieakceptowana, nieuświadomiona rywalizacja i tak zamienia się w wyścig szczurów.
- **Wszystkie inne zasady asertywnego zachowania:** czyli danie sobie i innym prawa do popełniania błędów, poszanowanie cudzego i własnego terytorium, akceptacja siebie i innych itd.

Zapamiętaj

Okazuje się, że upowszechnienie zachowań asertywnych w dużym stopniu zniwelowałoby występowanie zjawiska wypalenia zawodowego.

Wystąpienia publiczne

Przykład

Studenci dostali zadanie opracowania pewnego zagadnienia. Na zajęciach kilka osób przedstawiło swoje koncepcje, lecz nie spełniły one oczekiwań profesora, bo nie o to mu chodziło. Profesor był coraz bardziej niezadowolony, co okazywał coraz wyraźniej, więc kilku studentów próbowało dość niezręcznie ratować sytuację, ale bezskutecznie. Zapanowała wreszcie ciężka, krępująca cisza, która wydawała się trwać bez końca. Po długiej chwili, która w napiętej atmosferze była niemal jak wieczność, jedna ze studentek zaczęła cichym, niepewnym głosem czytać swoją pracę.

Dziewczyna od początku wiedziała, że jej koncepcja odpowiada oczekiwaniom profesora, lecz nie miała odwagi odezwać się publicznie. Odwlekała tę chwilę tak długo, jak to było możliwe…

Być może niektórzy pamiętają paraliżujący strach, gdy nauczyciel niespodziewanie wzywał do odpowiedzi i to jeszcze przed tablicę, gdzie cała klasa wpatrywała się w nieszczęsnego kolegę, który ogarnięty niesłychanym lękiem zapomniał nawet, jak się nazywa.

W takich chwilach serce zaczyna bić bardzo szybko, czerwienimy się lub bledniemy, występuje pot na rękach lub czole, fala adrenaliny rozchodzi się po całym ciele – występują takie objawy, jak w momentach pierwotnego zagrożenia. Co gorsza, strach może powodować poczucie pustki w głowie, zapominamy informacje nawet dla nas oczywiste. Głos mamy drżący, niepewny.

Zaobserwowano, że dzieci, które przejawiały tego rodzaju lęki i nie potrafiły poprawnie odpowiadać przy całej klasie, w kontakcie indywidualnym nie miały problemu z przekazywaniem swojej wiedzy. W wielu obszarach reagujemy inaczej w grupie, a inaczej, gdy jesteśmy z kimś sam na sam.

Często mamy trudności z wystąpieniami publicznymi, bo obezwładniają nas różne leki: lęk przed oceną, przed grupą, przed tym, jak odbiorą nas inni. Uczestnicy grupowych treningów asertywności niejednokrotnie stwierdzali ze zdziwieniem w trakcie zajęć, że zaczynają swobodnie wypowiadać się w grupie, co wcześniej sprawiało im trudność.

Dlaczego tak się dzieje i jak możemy sobie pomóc? Przyczyna znowu tkwi w braku ogólnej pewności siebie, co wynika z kolei z braku akceptacji i poczucia bezpieczeństwa. Trema przed wystąpieniem to właśnie mieszanka strachu, wstydu i lęku przed odbiorem. Wystąpienia przed jakimś audytorium (a jeszcze gorzej z mikrofonem!) mogą powodować tremę nawet u osób zawodowo występujących na scenie.

Przykład

Właścicielka pracowni artystycznej chciała umieścić na stronie internetowej informacje o osobach z nią współpracujących. Wśród nich był także jej mąż, który bardzo opornie przygotowywał notkę na swój temat. Zwlekał i zwlekał, wreszcie przyciśnięty do muru pytaniem, czy chce być umieszczony na stronie, czy nie, przyznał: „Bo ja nie lubię się eksponować…". Słuchający tego znajomi wybuchnęli śmiechem, bo z zawodu był aktorem i pracował w teatrze.

Występujemy publicznie w różnych aspektach naszego życia zawodowego. Zabieramy głos na naradach, konferencjach, w kontakcie z klientami. Pewna psycholog, wracając z prowadzonego przez siebie szkolenia, stwierdziła: „Chciałam być psychologiem, a zostałam aktorką".

Żeby pozbyć się lęku przed wystąpieniami, warto pracować nad sobą stopniowo. Początkowo wypowiadać się w małych grupach, w gronie zaufanych osób, wśród których czujemy się stosunkowo bezpiecznie i akceptowani. Wcześniej jeszcze warto zadać sobie pytanie, czy w innych sytuacjach dajemy sobie prawo do wypowiadania własnego zdania wobec innych osób. Tu bowiem może również pokutować dawny przekaz, że „dzieci i ryby głosu nie mają".

Jeśli uwierzysz, że to, co masz do powiedzenia, j e s t w a ż n e, stopniowo nabierzesz odwagi, by odzywać się publicznie. Wystąpienia przed audytorium to też kwestia wprawy. Jeśli oswoisz się z nimi w mniejszych grupach, będzie ci łatwiej przemawiać w liczniejszym gronie.

Warto też zadbać o inne aspekty własnego komfortu, czyli np.:

- przygotowanie merytoryczne (wcześniej przygotowane materiały pomocnicze, kartka z podpowiedziami itp.);
- wygodny strój, w którym będziesz się dobrze czuć;
- luz czasowy (warto przyjść wcześniej, by zapoznać się z miejscem, a nie wpadać w ostatniej chwili);
- znajomość terytorium (sali, sprzętu audiowizualnego itp.);
- znajomość odbiorców.

Chodzi o to, byśmy zapewnili sobie maksymalne poczucie bezpieczeństwa, eliminując czynniki stresogenne. Najtrudniejsze są pierwsze wystąpienia, potem przyzwyczajamy się i coś, co budziło paraliżujący lęk, może stać się normą.

Asertywność w relacji z autorytetem

Definicje autorytetu są bardzo różne – tu przez autorytet rozumiemy osobę, która w jakiś sposób jest dla nas ważna, i przez to może budzić bardzo skrajne emocje i różnorodne reakcje. To ktoś, od kogo w jakiś sposób jesteśmy zależni, kto może mieć wpływ na nas, nasze życie, zdrowie czy choćby załatwienie jakiejś sprawy. To może być szef w pracy, lekarz w przychodni, urzędnik, nauczyciel w szkole itd.

Ćwiczenie

Przeczytaj poniższe opisy i zastanów się, co czujesz w czasie kontaktu z autorytetem. Dopisz własne odczucia.

- **Onieśmielenie:** czujesz się trochę jak małe dziecko, raczej słuchasz, niż mówisz, odpowiadasz głównie na pytania, trudno ci wyrażać własne zdanie. Chcesz szybko zakończyć kontakt.
- **Potrzeba akceptacji:** bardzo ci zależy, żeby cię docenił (np. szef). Zwracasz uwagę na jego humory – jeśli nie jest zadowolony, masz poczucie, że to przez ciebie. Przykro ci, gdy docenia innych, a ciebie nie.
- **Zazdrość o względy szefa:** wynika z poprzedniego punktu, doświadczasz silnej, neurotycznej potrzeby akceptacji. Czynisz wiele zabiegów, żeby zwrócił na ciebie uwagę, wyróżnił spośród innych.
- **Złość i bunt:** bardzo cię złości, szczególnie gdy nie spełnia twoich oczekiwań lub sądzisz, że to on uważa, iż ty nie spełniasz jego oczekiwań. Buntujesz się przeciwko jego zaleceniom, bezpośrednio lub nie, komentujesz je.
- **Rywalizacja:** uważasz, że jest niezbyt kompetentny, ty wiele rzeczy zrobiłbyś lepiej, sprawniej. Komentujesz jego decyzje, ale raczej unikasz jawnej konfrontacji.
- **Podziw połączony z zazdrością:** uważasz, że jest świetny, porównujesz się z nim na swoją niekorzyść.
- **Poczucie krzywdy i niesprawiedliwości:** masz wrażenie, że wykorzystuje twoją dobroć, nie jest sprawiedliwy wobec ciebie.

- **Obawiasz się go:** towarzyszy ci lęk, strach, obawa. Wydaje ci się, że będzie na ciebie za coś zły. Obawiasz się, że za chwilę wywołasz jego gniew.
- **Życzliwość:** rozumiesz jego rolę, ale wychodzisz z założenia, że jest tylko człowiekiem, jak wszyscy. Nie szukasz podtekstów i ukrytych znaczeń, potrafisz jasno i uprzejmie wyrazić swoje zdanie czy prośbę.
- **Inne:** ....

Analizując te, niekiedy silne, uczucia, zauważymy, że podobne emocje przeżywa dziecko w stosunku do rodziców. Istotnie, szef to jakby symboliczny rodzic, od którego w jakiś sposób zależymy. Patrzymy na niego przez pryzmat wczesnodziecięcych doświadczeń, czasem niekiedy czujemy się w jego obecności jak onieśmielone lub zbuntowane dziecko. Podobne reakcje nieadekwatnej nieśmiałości lub przeciwnie, nadmiernej pewności siebie, możemy zaobserwować w relacji z urzędnikiem, lekarzem, prawnikiem, nauczycielem i innymi osobami, od których w danej chwili coś zależy. Na co dzień nie jesteśmy tego świadomi, wiemy tylko, że czujemy się zawstydzeni, źli albo się boimy.

Trudne relacje ze zwierzchnikiem są jedną z głównych przyczyn wypalenia zawodowego, niejednokrotnie stają się powodem rezygnacji z pracy.

Bywa tak, że szef rzeczywiście jest trudną osobą, zdarzają się w pracy przypadki mobbingu czy wykorzystywania, zawsze jednak masz prawo zadbać o siebie. Warto natomiast popatrzeć na tę relację z pozycji Wewnętrznego Dorosłego i pamiętać, że:

- jesteś wartościowym człowiekiem i nie musisz porównywać się z innymi;
- twój szef też jest człowiekiem i jego humory nie są zależne od ciebie – nie masz na nie wpływu;
- masz prawo popełniać błędy, nie myli się ten, kto nic nie robi;
- masz prawo wyrażać swoje zdanie w sposób asertywny;
- masz prawo wyrażać swoje prośby i oczekiwania, zakładając ewentualność odmowy;
- masz prawo decydować, kiedy chcesz być asertywny.

Odwracając sytuację, ty też występujesz w roli autorytetu, gdy masz do czynienia ze swoimi klientami. Wtedy to oni doświadczają różnych emocji w stosunku do ciebie – często zupełnie od ciebie niezależnych. Dlatego tak ważna jest zasada dystansu, by nie brać do siebie postawy klienta. Wtedy zdecydowanie łatwiej jest zachować asertywną postawę i dzieje się to w naturalny sposób.

Podsumowanie

1. Przyczyny wypalenia zawodowego możemy podzielić na wewnętrzne (osobiste) i zewnętrzne (interpersonalne, organizacyjne).
2. Mamy wpływ na siebie, czyli na nasz sposób reagowania, i jeśli chcemy, możemy go zmienić na asertywny.
3. Asertywne reagowanie pozwala zapobiegać i przeciwdziałać wypaleniu zawodowemu.
4. Podstawowym warunkiem zachowania dystansu i profesjonalnego reagowania w kontakcie z klientem jest to, by jego postaw nie traktować osobiście, nie brać do siebie.
5. W kontakcie z klientem konieczna jest empatia, czyli zwracanie uwagi na klienta, werbalne i pozawerbalne komunikowanie zrozumienia, wysłuchanie go, stosowanie komunikatu „ja" oraz akceptacja, czyli bezwarunkowo pozytywny stosunek do klienta.
6. Świadomość różnorodności ludzkich zachowań w zespole pracowników pozwala rozdzielać problemy, nabrać dystansu i nie traktować rozmaitych postaw w kategoriach osobistych, a w konsekwencji – asertywnie postawić granice.
7. Są różne techniki komunikacji międzyludzkiej, pozwalające na obronę własnych granic, lecz wcześniej warto pozwolić sobie na to, by odbierać siebie i innych z pozycji „Ja jestem OK – ty jesteś OK".
8. Warunkiem asertywnych reakcji w zespole są: jasno określone i szanowane granice, czyste, uczciwe relacje w zespole i kadrze kierowniczej, zrozumienie uczuć i emocji.
9. Przeszkodą w wystąpieniach publicznych może być lęk przed oceną, przed odbiorem przez innych. Warto stopniowo się przyzwyczajać, czyli wypowiadać się w małych grupach, wśród zaufanych osób, oraz dobrze się przygotować do wystąpienia.
10. Wobec osób ważnych, autorytetów, warto zachowywać się z pozycji Wewnętrznego Dorosłego: z życzliwością i zrozumieniem, bez podtekstów i ukrytych znaczeń.

Rozdział 14

Wychowanie a asertywność

Z tego rozdziału dowiesz się:

- co to jest naturalna asertywność małego dziecka;
- jakie trudności z asertywnością mają nastolatki;
- jak wychowywać dziecko, aby stało się asertywne.

Trzylatek mówi „nie"

W poradniku tym wielokrotnie mówiliśmy o zagadnieniu wpływu wczesnodziecięcych doświadczeń na późniejsze funkcjonowanie człowieka. Jest to fakt niepodlegający dyskusji, zbadany i potwierdzony przez wszystkie szkoły i nurty terapeutyczne. Jak zatem postępować z własnym dzieckiem, by uniknąć błędów?

Przede wszystkim nie ma potrzeby obwiniać się za ewentualne błędy. W psychologii funkcjonuje pojęcie „wystarczająco dobrego" rodzica – bo nie ma możliwości, żebyśmy byli idealni. Poza tym w rozwoju dziecka są okresy, gdy bunt przeciwko rodzicom i złość na nich jest naturalna (patrz następny podrozdział), i wtedy dziecko będzie się buntować, choćby rodzice obiektywnie byli wspaniali.

Cytat

„Dzieci czerpią o wiele więcej nauki z tego, co robisz, niż z tego, co mówisz".

***Kevin Steede**, 10 błędów popełnianych przez dobrych rodziców*

Dlatego rodzic, który jest asertywny w naturalny sposób, wychowa asertywne dziecko (patrz podrozdział *Asertywny rodzic – asertywne dziecko*).

Często można spotykać twierdzenie, że asertywność nie jest umiejętnością wrodzoną, lecz trzeba się jej nauczyć. Patrząc na małe dzieci, można mieć wątpliwości, czy tak faktycznie jest. Może rodzimy się asertywni, a potem, w toku wychowania, ta umiejętność gdzieś zanika? Może więc musimy się jej nauczyć na powrót? Może właśnie naturalną umiejętnością jest wyznaczanie granic, wyrażanie oczekiwań, spokojne odmawianie, a w procesie wychowania te umiejętności zostają przytłumione, bo społeczeństwo wymaga, aby dziecko było grzeczne i posłuszne wbrew sobie?

Przykład

Matka udała się z dwuipółletnią Hanią do logopedy, bo chciała sprawdzić, czy prawidłowo przebiega rozwój mowy dziecka. Początkowo dziewczynka była dosyć zainteresowana ćwiczeniami, ale w końcu znudziła się.

– Zrób „uuuuu" – poleciła pani psycholog.

– Nie – spokojnie i stanowczo powiedziała Hania.

– Haniu, zrób „uuuuu" – nie ustawała psycholog.

– Nie.

Pani jeszcze kilka razy próbowała przekonać dziewczynkę i w końcu przekupiła ją cukierkiem, dzięki czemu Hania, choć bardzo niechętnie, zrobiła „uuuuuu".

W naszym społeczeństwie panuje przekonanie, że dziecko ma przede wszystkim słuchać poleceń dorosłych. Zastanówmy się jednak, na czym nam właściwie zależy: czy chcemy wychować dziecko posłuszne, dostosowane, ale pozbawione własnej inwencji, czy może twórcze, kreatywne, asertywne, ale wtedy nie zawsze posłuszne? Najlepiej by było, gdyby można było pogodzić jedno z drugim, ale nie jest to raczej możliwe.

Faktem jest, że gdyby na miejscu Hani był dorosły człowiek i tak jak ona odmówił, to nikogo by to nie zdziwiło, miałby do tego prawo. W wypadku dziecka jest inaczej.

Dziecko swobodnie i naturalnie:
- **mówi „nie"** – czyli wyznacza granice, co wielu dorosłym sprawia trudność;
- **mówi „ja chcę"** – czyli wyraża swoje oczekiwania, co także sprawia kłopoty wielu dorosłym.

Problem polega na tym, niestety, że dzieci często traktowane są przedmiotowo i ich granice nie są respektowane, a dorośli zupełnie nie zdają sobie sprawy z tego, jak duże szkody w psychice powodują: przymuszanie, zastraszanie, manipulowanie i podobne środki perswazji wymuszające posłuszeństwo.

Nie chodzi, oczywiście, o to, by spełniać wszystkie zachcianki dziecka, to byłaby przesada w drugą stronę, ale by wyznaczać dziecku granice z szacunkiem dla jego terytorium. Pamiętać o tym, o czym mówił już Janusz Korczak: że dziecko to też człowiek. Gdyby w dzieciństwie nasze granice były wyznaczane z szacunkiem i zrozumieniem, nie musielibyśmy na nowo uczyć się mówić „nie" lub „ja chcę".

Jakie zatem warunki trzeba spełnić, żeby nie złamać woli dziecka, zrozumieć jego emocje, pozwolić mu kształtować własną asertywność? Na ten temat napisano wiele książek, można jednak wyodrębnić kilka podstawowych zasad:

1. **Zrozum i akceptuj uczucia dziecka i ucz je konstruktywnego ich wyrażania:** dzieciństwo to okres niezmiernie silnych przeżyć uczuciowych, emocje dziecka są bardzo intensywne i niestałe, ale dziecko nie jest jeszcze wyposażone w mechanizmy obronne, które pomogłyby mu sobie z nimi radzić. Nie lekceważ więc tego, co czuje dziecko, ono nie płacze „bez powodu", nawet jeśli tak ci się wydaje. Ucz dziecko konstruktywnego wyrażania uczuć, najlepiej stosując te zasady w praktyce (patrz część II).

2. **Nie obwiniaj dziecka:** obwinianie jest powszechnie stosowaną formą przymusu, a poczucie winy wywołujemy u dziecka już podczas treningu czystości („Popatrz, co zrobiłeś! Jak mogłeś zabrudzić pieluszkę!"). Warto tego unikać.

3. **Ignoruj zachowania niepożądane:** ta technika została przedstawiona w poprzednim rozdziale. Jeśli dziecko chce niepożądanym zachowaniem zwrócić na siebie uwagę, to nasza reakcja stanowić będzie swoistą nagrodę. Przez to utrwalamy negatywne zachowania, bo dziecku „opłaca się" dalej tak postępować.

4. **Wzmacniaj zachowania pożądane:** okazuj akceptację dla tych zachowań, które chcesz wzmocnić, stosując asertywną pochwałę („Posprzątałeś zabawki! To się nazywa porządek"), nawet w sprawach pozornie błahych. Dziecku bardzo potrzebna jest pochwała i wiele zrobi, by ją uzyskać.

5. **Ucz dziecko podejmowania decyzji:** pozwalaj mu na jego własne wybory, np. decydowanie, którą bluzeczkę ma włożyć. To bardzo ważny i skomplikowany proces, by potem w dorosłości dziecko wiedziało, czego chce, i miało poczucie własnej sprawczości.

6. **Konsekwentnie wyznaczaj granice:** dziecko musi wiedzieć, co wolno, a czego nie. Potrzebuje jasno określonych i respektowanych granic, bo to buduje jego poczucie bezpieczeństwa.

7. **Pamiętaj o potrzebach psychicznych:** potrzeby te zostały omówione w rozdziale 1 niniejszego poradnika.

O tym, czego dziecko potrzebuje dla prawidłowego rozwoju i zdrowia psychicznego oraz jakie bywają postawy rodzicielskie i ich skutki, powiemy też w kolejnych podrozdziałach.

Analizując aspekt zachowań asertywnych bądź ich braku, należy zaznaczyć, że dziecko nie potrafi jeszcze wyrazić w odpowiedniej formie tego, czego chce lub czego nie chce. I właśnie sposób, w jaki ta forma wypowiedzi dziecka jest korygowana, kształtuje jego późniejszą umiejętność wyrażania oczekiwań lub odmawiania. Bywa przecież tak, że dziecko domaga się czegoś krzykiem, wymuszeniem czy innymi manipulacjami. Bada granice i to, na ile dorośli pozwolą je przekroczyć. Rolą dorosłych jest wyznaczać te granice, ale z równoczesnym szacunkiem dla granic dziecka.

Natomiast warto podkreślić fakt, że dziecko ma jeszcze naturalną siłę i odwagę, by spontanicznie czegoś chcieć lub czegoś nie chcieć. W procesie rozwoju ta siła i spontaniczność zanika, warto więc spojrzeć w głąb siebie, odnaleźć swoje wewnętrzne dziecko, i na nowo dać sobie do nich prawo.

Cytat

Dzieci uczą się tego, czym żyją

- *Jeśli dziecko żyje w ciągłym krytycyzmie, nauczy się potępiać.*
- *Jeśli dziecko żyje otoczone wrogością, nauczy się walczyć.*
- *Jeśli dziecko żyje z uszczypliwością, nauczy się wstydu.*
- *Jeśli dziecko żyje otoczone poczuciem krzywdy, nauczy się czuć winne.*
- *Jeśli dziecko żyje w atmosferze tolerancji, nauczy się cierpliwości.*
- *Jeśli dziecko żyje w atmosferze podtrzymującej go na duchu, pozna swoją wartość i będzie silne.*
- *Jeśli dziecko żyje w atmosferze pochwał, nauczy się doceniać innych.*
- *Jeśli dziecko żyje w sprawiedliwości, nauczy się sprawiedliwości.*
- *Jeśli dziecko żyje w poczuciu bezpieczeństwa, nauczy się wiary.*
- *Jeśli dziecko żyje w atmosferze akceptacji, nauczy się lubić i akceptować siebie.*
- *Jeśli dziecko żyje w akceptacji i miłości, odnajdzie i pokocha siebie i cały świat. Odnajdzie szczęście w życiu.*

***Doroty Law Nolte**, w książce **Katarzyny Gozdek-Michaëlis**,*
Rozwiń swój genialny umysł

Nasilenie kłopotów z asertywnością w okresie dorastania

Okres około trzeciego roku życia powszechnie nazywa się okresem przekory, ze względu na powtarzanie przez dziecko słowa „nie". Z kolei okres dorastania, czyli adolescencji, nazwano drugim okresem przekory, z powodu nasilenia objawów buntu, niekiedy agresji. O ile u małego dziecka taka przekora może być nawet rozczulająca, o tyle bunt dorastającej młodzieży może być poważnym problemem. Dziwne i niezrozumiałe zachowania nastolatka budzą u rodziców różne trudne emocje, jak bezsilność, złość czy rozczarowanie, o różnym nasileniu i odmianach.

Dorastanie to jeden z najtrudniejszych momentów w życiu człowieka, zarówno dla samego nastolatka, jak i jego otoczenia. Zrozumienie nieświadomych mechanizmów, rządzących wtedy jego psychiką, pozwala nabrać dystansu emocjonalnego do zachowań dziecka i w konsekwencji lepiej sobie z nimi radzić.

To ważny moment w rozwoju społecznym i emocjonalnym młodego człowieka: stopniowo odchodzi on od „rodzinnego stada" i poszukuje własnego miejsca w grupie rówieśników, w swoim odrębnym „stadzie" (patrz podrozdział *Potrzeba przynależności*). To etap „wyfruwania z gniazda", emocjonalnie bardzo, bardzo trudny dla obu stron, ale naturalny i konieczny.

- Co jest zadaniem rozwojowym dziecka?
  Opuścić dom rodziców, rozpocząć samodzielne życie.
- Co jest zadaniem rodziców?
  Wypuścić dziecko i pozwolić mu odejść.

Ważnym aspektem tej fazy jest rozstanie:
- z dzieciństwem;
- z ciepłem domowego ogniska (z tym bywa różnie, ale dom zawsze jest czymś znanym, a nowe – nieznanym).

Rozstanie jest niezmiernie trudnym momentem, ludzie rozstają się na różne sposoby. Czasem wymykają się niepostrzeżenie, czasem przedłużają kontakt lub nagle go urywają, niekiedy rozstają się w gniewie.

Właśnie gniew, bunt młodzieńczy jest charakterystyczny dla tego okresu. Jak świat światem „dzisiejsza młodzież" buntowała się, poszukując własnej tożsamości, ale też po to (nieświadomie), by ułatwić sobie rozstanie. Bo jeśli jest zbyt dobrze i ciepło, to po co się rozstawać? To, że w oczach młodego człowieka rodzice nagle przestają być autorytetami, ma swoje głębokie uzasadnienie: łatwiej mu odejść, „przeciąć pępowinę", gdy wydają się denerwujący. Potem, gdy już dorośnie, wracając i odchodząc kilka razy, by wreszcie usamodzielnić się na dobre, emocje uspokajają się i odbiór rodziców wraca do normy. Ten bunt i niezgoda są naturalne w okresie dojrzewania, choć bardzo trudne do zniesienia przez rodziców. Wskazane jest wręcz, by dziecko uczyło się konstruktywnie buntować. Jeśli nie będzie buntować się wtedy, może robić to w dorosłym życiu, i to nieadekwatnie do bodźca, przeciwko różnym ważnym osobom w swoim życiu, symbolicznym autorytetom – lub nie będzie buntować się wcale, kierując tłumioną złość przeciwko sobie.

Nasilone na tym etapie rozwoju „wojny domowe" są przyczyną wielu frustracji. Warto jednak przyjąć, że to naturalny objaw, co pozwoli nam patrzeć na nastolatka z pozycji Wewnętrznego Dorosłego i sprawi, że będzie nam łatwiej asertywnie reagować.

W tym okresie grupa rówieśników staje się jakby symbolicznym rodzicem – bardzo nasila się potrzeba akceptacji przez grupę, wobec czego młodemu człowiekowi trudniej jest asertywnie reagować w sytuacjach nacisku grupowego.

Przyjrzyjmy się, jakie zmiany w emocjach i reakcjach pojawiają się w tym okresie rozwojowym:

- stany depresji, smutku i przygnębienia, przemiennie ze stanami niemal euforii i poczucia siły;
- stany lękowe na przemian z zachowaniami agresywnymi;
- poczucie małej wartości i siły, koncentracja na własnym wyglądzie, zjawisko „wyobrażonej publiczności" („wszyscy na mnie patrzą, gdy idę szkolnym korytarzem");
- rozszczepienie, zwane po angielsku *splitting* (idealizacja na zmianę z dewaluacją), czyli podzielenie obiektów na bardzo dobre lub bardzo złe;
- dewaluacja rodziców i nauczycieli, przy jednoczesnej ogromnej potrzebie akceptacji z ich strony;
- rywalizacja z rodzicami (chęć bycia sprawniejszym, silniejszym);
- akcentowanie odmienności, strojem, fryzurą itp.;
- aroganckie poczucie mocy na zmianę z bezradnością i dziecięcą zależnością;
- walka o autonomię: testowanie granic, potrzeba intymności.

Można w tym okresie zauważyć zjawisko przechodzenia ze skrajności w skrajność w różnych obszarach, dlatego reakcje mogą być niezrozumiałe i zaskakujące zarówno dla młodej osoby, jak i jego rodziny i otoczenia.

Jeśli otoczenie (rodzice i nauczyciele) odnosi zachowania młodego człowieka do siebie, może mieć kłopoty z asertywnym reagowaniem.

Warto natomiast:

- rozumieć mechanizmy, które uaktywniają się w tym okresie (są one po to, by dziecku łatwiej było się usamodzielnić, uzyskać autonomię);
- przyjąć, że to nie jest wina rodzica ani jego błąd wychowawczy, że z „grzecznego dziecka" wyrósł „zbuntowany nastolatek" – tylko naturalny proces rozwojowy;
- rozumieć jego emocje i szanować granice – wtedy zachowa poczucie bezpieczeństwa;
- konstruktywnie wyznaczać własne granice – nastolatek może mieć skłonność do sprawdzania, jak daleko może się posunąć;

- słuchać uważnie tego, co mówi dziecko – bez moralizowania, oceniania, dawania rad;
- zweryfikować swoją postawę rodzicielską, sposób komunikowania się z dziećmi i reagowania na jego zachowania.

W podanych poniżej sposobach reagowania rodziców na dzieci spróbuj odszukać swój styl (może ich być kilka). Przykładowe style rodzicielskie zapewne nie wyczerpują wszystkich możliwości.

Styl reagowania	Reakcja rodzica	Reakcja dziecka
RODZIC OBOJĘTNY	Jest zaangażowany we własne sprawy, z dystansem wobec dziecka. Niewiele wie o sprawach dziecka, nie zna jego kolegów. Rozmowy polegają głównie na wydawaniu poleceń. Pyta, „co w szkole", ale i tak nie słucha odpowiedzi.	Wydaje mu się, że nie jest ważne dla rodzica. Unika kontaktów, izoluje się. Trudno mu szczerze rozmawiać, ma własne tajemnice, własny świat.
RODZIC WYMAGAJĄCY	Ma duże oczekiwania względem dziecka, porównuje do innych, których stawia za wzór. Stosuje akceptację warunkową – jak dziecko zasłuży.	Za wszelką cenę stara się zadowolić rodzica, ale bezskutecznie, bo zwykle nie jest wystarczająco dobre. Szuka akceptacji przez realizację zadań. Ma niskie wyobrażenie o sobie.
RODZIC POBŁAŻAJĄCY	Nie określa jasno reguł i zasad, reaguje w zależności od humoru. Straszy konsekwencjami, ale ich nie stosuje. Bezkrytyczny w stosunku do dzieci.	Brakuje mu poczucia bezpieczeństwa ze względu na płynność granic, ma trudności z rozpoznaniem przyczyn i skutków; jest bezkrytyczny w stosunku do siebie.

RODZIC OBWINIAJĄCY	Czyni dziecko winnym i odpowiedzialnym za wiele różnych spraw. Często wypowiada uwagi typu: „Mogłeś to zrobić wcześniej…", „Trzeba było…", „Nie dopilnowałeś…", „Przez ciebie…".	Czuje się winne i odpowiedzialne właściwie za wszystko. Brakuje mu poczucia bezpieczeństwa, ma niską samoocenę, odczuwa neurotyczną potrzebę akceptacji.
RODZIC RYWALIZUJĄCY	Udowadnia dziecku, że jest gorsze od niego, dużo mówi o sobie, chwali się; gdy dziecko skarży się, że jest zmęczone, mówi: „Ty? A co ja mam powiedzieć?". Buduje poczucie własnej wartości kosztem dziecka.	Czuje się winne, odczuwa strach i lęk. Ma poczucie małej wartości, trudno jest mu wyrażać swoje oczekiwania, odczuwa tłumioną lub nieuświadomioną złość, ma trudności z podejmowaniem decyzji.
RODZIC NADOPIEKUŃCZY	Wyręcza dziecko w rozmaitych codziennych czynnościach, sprawdza, kontroluje, podejmuje decyzje za dziecko, przesadnie się o nie troszczy, poucza je, pilnuje.	Brakuje mu samodzielności i pewności siebie oraz poczucia bezpieczeństwa, ma niską samoocenę, trudności w relacjach z rówieśnikami, izoluje się.

RODZIC POŚWIĘCAJĄCY SIĘ	Rezygnuje z własnych potrzeb na korzyść dziecka, przypłaca to poczuciem własnej krzywdy, frustracją i pretensjami do dziecka, że „nie docenia, co się dla niego robi". Wypomina swoje poświęcenie dla dziecka.	Czuje się winne, że „przez nie" rodzicowi jest źle, brakuje mu pewności siebie, ma za to poczucie uwikłania, uzależnienia. Przymus okazywania wdzięczności w rzeczywistości rodzi złość, niechęć – i poczucie winy, że tak czuje.
RODZIC ULEGŁY	Nie potrafi precyzyjnie wyznaczyć dziecku granic ani odmówić. Nawet jeśli mówi „nie", za chwilę zmienia zdanie; brakuje mu konsekwencji i spójności pomiędzy tym, co mówi, a tym, co robi, nie realizuje tego, co zapowiada.	Może mieć trudność z przyjęciem odmowy. Brakuje mu poczucia bezpieczeństwa ze względu na własne wyobrażenia słabości rodzica. Może kształtować się u niego postawa „Ja jestem OK – ty nie jesteś OK". Ma trudności z dostosowaniem się do norm i zasad w środowisku.
RODZIC ROZUMIEJĄCY	Rozumie dziecko. Potrafi słuchać, komunikować się, wyznaczać granice, wspierać. W trudnych sytuacjach reaguje z pozycji Wewnętrznego Dorosłego.	Jest stabilne emocjonalnie, samodzielne, otwarte, kreatywne, ma właściwą samoocenę.

Ewentualne błędy rodziców z reguły nie wynikają ze złej woli, przeciwnie, rodzice najczęściej działają w dobrej wierze. Chcą jak najlepiej dla swojego dziecka, czasem jednak z niewiedzy, bezsilności lub własnych ograniczeń wychodzi inaczej, niż oczekują. Dziecko jak barometr wyczuwa nastroje rodziców, odczytuje sygnały niewerbalne, napięcie w rodzinie, nawet gdy nie jest to wyraźnie wypowiedziane.

Przypomnijmy przykład Krystyny (patrz rozdział 6), która miała poczucie, że poświęca się dla rodziny, wobec czego panowała wśród nich atmosfera napięcia i frustracji. Gdy odważyła się zrealizować własne plany, okazało się to korzystne dla całego systemu rodzinnego.

Warto zatem zadbać o siebie, pozwolić sobie na budowanie adekwatnej samooceny, na określanie własnych granic, ponieważ, jak przekonamy się za chwilę, asertywni rodzice wychowują asertywne dzieci.

Asertywny rodzic – asertywne dziecko

Jedną z głównych metod wychowawczych jest modelowanie zachowań, czyli oddziaływanie własnym przykładem, tym, co i w jaki sposób robimy. Błędem jest przekonanie, że mamy dziecku głównie mówić, jak ma postępować lub czego nie robić. Jeśli z tym, co mówimy, nie idzie w parze to, co robimy – dziecko nie ma jasności, wyczuje niespójność słów i czynów.

Jeśli zatem rozwiniesz swoją własną asertywność, twoje dziecko w naturalny sposób wyrośnie na asertywnego człowieka, a ty dasz mu to, czego potrzebuje, czyli:

- **Zaspokojenie potrzeb psychicznych:** żeby mogło w domu czuć się bezpiecznie, bez obawy, że za chwilę komuś nie spodoba się to, co ono robi, ktoś je skrytykuje, oceni. Będzie mogło wtedy spontanicznie opowiadać o swoich sprawach, zwracać się o pomoc w razie potrzeby, będzie czuło więź z rodziną, ale też nauczy się rozluźniać i nawiązywać nowe więzi, kiedy przyjdzie na to pora. Będzie potrafiło wchodzić w satysfakcjonujące związki z partnerami.
- **Jasno określone normy i zasady:** to swoisty kontrakt rodzinny. W dawnych kulturach, np. u Indian Pueblo, nie było problemów wychowawczych, bo istniały jasno określone, czytelne zasady. Dziecko potrzebuje wiedzieć, co wolno, a czego nie, jakie będą konsekwencje jego postępowania. Dzięki temu będzie mogło budować swój system wartości, rozwijać myślenie przyczynowo- skutko-

we, przewidywać skutki swojego postępowania i wyborów. Czytelny i przewidywalny kontrakt także buduje poczucie bezpieczeństwa. Istotne jest konsekwentne przestrzeganie reguł, bo – podobnie jak w grze czy ruchu drogowym – bez kodeksu zapanowałby chaos.

- **Szacunek dla granic (terytorium psychologicznego):** w miarę rozwoju dziecko potrzebuje coraz więcej własnej autonomii i szacunku dla niej. Jeśli rodzic odnosi się z szacunkiem do własnego dziecka, może się spodziewać tego samego wobec siebie, a przy okazji dziecko uczy się szanować samego siebie, budować swój płotek i pielęgnować swój ogródek. Nie będzie wtedy naruszać cudzych granic i skutecznie obroni swoje. Chodzi tu o wszelkiego rodzaju granice: cielesności, woli, decyzji, przestrzeni dla siebie, miejsca itd.
- **Zrozumienie dla własnych emocji:** jeśli rodzic sam akceptuje i rozumie wszystkie emocje, to jego dziecko uczy się tego przez naśladowanie, daje sobie do nich prawo. Czuje się wtedy zrozumiane, a to buduje jego poczucie własnej wartości. Pozwala też na konstruktywne ich regulowanie, wyrażane w akceptowanej formie. Wtedy emocje mogą spełnić swoją pierwotną, podstawową funkcję: informować o czymś, nieść energię lub wyciszenie.
- **Prawo do popełniania błędów:** robimy zawsze najlepiej, jak potrafimy w danej chwili, jak jesteśmy w stanie. Nie zawsze nasze wybory są trafne, nie zawsze dzieje się tak, jak byśmy chcieli, to naturalne. Warto dać sobie i dziecku prawo do błędów, pamiętać, że „błądzić jest rzeczą ludzką". Z błędów należy wyciągnąć wnioski, a nie obwiniać się o nie. Jeśli dziecko dostanie prawo do tego, że może nie wiedzieć, nie umieć, uczyć się – będzie poszukiwać wiedzy i umiejętności i eksplorować przestrzeń wokół siebie z ciekawością i spontanicznością.
- **Wyraźnie zaznaczone role w rodzinie:** każdy w rodzinie ma swoją funkcję do spełnienia. Symbolicznie matka daje ciepło, wsparcie, opiekę, akceptację. Ojciec wyznacza granice, daje oparcie, siłę, poczucie bezpieczeństwa. Dziecko ma dorastać, uczyć się, bawić, rozwijać, budować własną tożsamość i kiedyś wyfrunąć z gniazda. Nie ma potrzeby obarczać dziecka problemami dorosłych, zamieniać go w ojca lub matkę, męża czy żonę. Dziecko ma prawo być dzieckiem ze wszystkimi przywilejami tego okresu – jego psychika tego potrzebuje.
- **Bezwarunkowa akceptacja** – po prostu za to, że jest – akceptacja bez stawiania warunków jest jedną z podstawowych potrzeb psychicznych, buduje swobodną pewność siebie, wewnętrzną naturalność. Nie trzeba wtedy udawać kogoś innego, niż się jest – grać, zakładać maski, żeby się przypodobać. Akceptując bezwarunkowo dziecko, pozwalasz mu akceptować siebie, ze świadomością mocnych i słabych stron, bez obawy, co powiedzą inni, jak je ocenią.

Gdy rodzic staje się bardziej asertywny, to w naturalny sposób zmienia się dziecko, które po prostu przejmuje zachowania rodzica, dopasowuje się do reszty systemu. Pamiętać jednak należy, że zmiany następować będą powoli, to żmudny i czasochłonny proces. Wprowadzenie gwałtownych rewolucji może nie być skuteczne i zamiast poprawy sytuacji może przynieść rozczarowanie, czyli – inaczej mówiąc – na efekty trzeba czasem poczekać.

Podsumowanie

1. Małe, np. trzyletnie dziecko, potrafi stanowczo mówić „nie" lub „ja chcę" – nie potrafi jednak wyrazić tego w odpowiedniej formie, ze względu na małą jeszcze stabilność emocjonalną.
2. Ważne jest, by akceptować uczucia dziecka już wtedy, gdy jest jeszcze małe, uczyć je konstruktywnego ich wyrażania, podejmowania decyzji, konsekwentnie wyznaczać granice, zaspokajać jego potrzeby psychiczne, wzmacniać zachowania pożądane.
3. Okres około trzeciego roku życia i okres dorastania nazywa się okresem przekory ze względu na nasilenie postaw buntowniczych, które pojawiają się w ramach budowania własnej autonomii dziecka.
4. Nasilenie kłopotów z asertywnym reagowaniem występuje w okresie dojrzewania, dziecko może wtedy mieć np. trudności z przeciwstawieniem się naciskom grupy rówieśniczej; silniej odczuwa też potrzebę akceptacji przez grupę.
5. Warto znać i rozumieć mechanizmy pojawiające się w tym okresie rozwojowym, by móc z dystansem, asertywnie reagować.
6. W tym okresie może pojawić się cofnięcie do wcześniejszych faz rozwoju: duża chwiejność emocjonalna, poczucie małej wartości, przechodzenie ze skrajności w skrajność, testowanie granic.
7. Różnorodne style reagowania rodziców mają wpływ na funkcjonowanie dziecka. Najbardziej skuteczny jest Rodzic Rozumiejący, który potrafi słuchać, komunikować się, wyznaczać granice, wspierać.
8. Dziecko wiele przejmuje, wzorując się na rodzicach, na tym, jacy są i jak postępują.
9. Warto zadbać o siebie, pozwolić sobie na budowanie własnej, adekwatnej samooceny, na wyznaczanie własnych granic. Asertywny rodzic wychowa asertywne dziecko.
10. Dzieciom, ale i rodzicom, potrzebne są: zaspokajanie potrzeb psychicznych, jasno określone normy i zasady, szacunek dla granic, zrozumienie dla emocji, prawo do popełniania błędów, bezwarunkowa akceptacja.

Pamiętaj o tym, że...

- **Masz prawo troszczyć się o siebie.** Jeśli twoje potrzeby są zabezpieczone, masz także siłę i energię, by wspierać innych.
- **Masz prawo wyznaczać granice.** Bezpieczny „płotek" daje ci poczucie stabilizacji.
- **Masz prawo rozumieć i akceptować twoje emocje oraz korzystać z nich:** wyrażać je i przyjmować, regulować zgodnie ze swoją wolą.
- **Masz prawo do własnego zdania i do wyrażania go,** niezależnie od opinii innych, którzy też mają do prawo do swojego zdania.
- **Masz prawo sięgać po to, czego chcesz,** pamiętając o tym, że możesz spotkać się z odmową. Wtedy szukaj innego wyjścia z sytuacji.
- **Masz prawo mieć świadomość swoich mocnych stron i zasobów:** zapewni ci to spokojną pewność siebie oraz możliwość dostrzeżenia pozytywnych cech u innych.
- **Masz prawo wierzyć w swoje kompetencje, umiejętności i możliwości:** prawdziwa pewność siebie pozwala być skromnym i zaakceptować własne słabości.
- **Masz prawo do zachowań asertywnych lub nieasertywnych** – kiedy tego chcesz, ze świadomością własnego wyboru.

Zakończenie

Być może podziwiasz ludzi, którzy jasno i uczciwie wyrażają swoje zdanie, z jednoczesnym poszanowaniem uczuć innych. Tych, którzy mówią „nie" lub „tak", kiedy sami tego chcą, którzy nie wstydzą się przyznać do własnej niewiedzy ani powiedzieć o tym, co czują lub czego oczekują. Tacy ludzie emanują siłą i spokojem, nie udają kogoś innego, niż są – można czuć się przy nich bezpiecznie. To są właśnie ludzie asertywni.

Ty też możesz zyskać tę wewnętrzną siłę, polubić siebie i innych.

Może się też zdarzyć, że nie zawsze będziesz asertywny – to ty o tym decydujesz i masz do tego prawo. Czasem ulegniesz namowom, niespodziewanie zareagujesz gniewem, poddasz się manipulacji. To naturalne. Trzeba jednak mieć świadomość swoich reakcji, rozpatrywać je w kategoriach zjawiska, a nie oceny na zasadzie „złe" czy „dobre". Tak po prostu bywa i tyle.

Warto wracać do lektury tego poradnika, bo nie da się przyswoić wszystkich treści w jednakowym tempie. Dobrze też dać sobie na to czas – stopniowo wzmacniać swoją wiarę w siebie, pozbywać się poczucia odpowiedzialności za to, na co nie masz wpływu. Z czasem przekonasz się, że to działa.

Masz też prawo zwrócić się o pomoc do specjalistów, jeśli zajdzie taka potrzeba – pamiętaj, że nie jesteś osamotniony i każdy problem można konstruktywnie rozwiązać, w asertywny sposób.

Bibliografia

Alan A. Cavaiola, Neil J. Lavender, *Toksyczni koledzy. Jak postępować z trudnymi współpracownikami*, tłum. Paweł Luboński, Warszawa 2008.

Stig Fhanér, *Słownik psychoanalizy*, tłum. Jacek Kubitsky, Gdańsk 1996.

Susan Forward, Donna Frazier, *Szantaż emocjonalny*, tłum. Małgorzata Majchrzak, Gdańsk 1999.

Howard Gardner, *Inteligencje wielorakie. Teoria w praktyce*, tłum. Andrzej Jankowski, Poznań 2002.

Thomas Gordon, *Wychowanie bez porażek w praktyce*, tłum. i wstęp Elżbieta Sujak, Warszawa 2007.

Thomas Gordon, *Wychowanie bez porażek. Rozwiązywanie konfliktów między rodzicami a dziećmi*, tłum. i wstęp Alicja Makowska, Elżbieta Sujak, Warszawa 2010.

Katarzyna Gozdek-Michaëlis, *Rozwiń swój genialny umysł. Zanim zaczniesz uczyć się trzy razy szybciej*, Warszawa 1996.

Muriel James, Dorothy Jongeward, *Narodzić się, by wygrać. Analiza transakcyjna na co dzień*, tłum. Anna Suchańska, Poznań 1994.

Richard K. James, Burl E. Gilliland, *Strategie interwencji kryzysowej*, tłum. Andrzej Bidziński, Krzysztof Mazurek, Warszawa 2008.

Kazimierz Jankowski, *Od psychiatrii biologicznej do humanistycznej... dwadzieścia lat później*, Warszawa 1994.

Stephen M. Johnson, *Humanizowanie narcystycznego stylu*, tłum. Anna Czownicka, Warszawa 1993.

Maria Król-Fijewska, *Trening asertywności*, Warszawa 1993.

Peter Kutter, *Współczesna psychoanaliza. Psychologia procesów nieświadomych*, tłum. Aleksandra Ubertowska, Gdańsk 1998.

Alice Miller, *Pamięć wyzwolona. Jak przerwać łańcuch toksycznego dziedzictwa*, tłum. Jadwiga Hockuba, Warszawa 1995.

Psychoterapia. Szkoły, zjawiska, techniki i specyficzne problemy, praca zbiorowa pod red. Lidii Grzesiuk, Warszawa 2000.

Bryan E. Robinson , J. Lyn Rhoden, *Pomoc psychologiczna dla dzieci alkoholików*, tłum. Monika Szymankiewicz i zespół, Warszawa 2000.

Kevin Steede, *10 błędów popełnianych przez dobrych rodziców*, tłum. Aneta Fita, Gdańsk 2007.

Włodzimierz Szewczuk, *Atlas psychologiczny*, Warszawa 1979.

Grażyna Tallar, *Abc inteligencji emocjonalnej w praktyce*, Warszawa 2002.